– Gudrun Höhn –

Wildzauber

Köstliches aus heimischen Wäldern

Impressum

Wildzauber
Köstliches aus heimischen Wäldern
Rezepte: Gudrun Höhn

E-Mail: info@schnell-verlag.de
www.schnell-verlag.de
Druck: Finidr s.r.o., Český Těšín (Tschechien)
ISBN 978-3-87716-656-7
1. Auflage
Warendorf, Oktober 2017

Inhalt

Über die Autorin

Gudrun Höhn, geboren 1953, hat drei erwachsene Töchter und lebt mit ihrem Mann Harry und dem Bayerischen Gebirgsschweißhund Bruno im ländlichen Raum von Bielefeld.

Die gelernte Buchhändlerin ist, ebenso wie ihr Mann, seit über 25 Jahren engagierte Jägerin und fast ebenso lange Jagdhornbläserin.

Als Jägerin war sie viele Jahre ehrenamtlich tätig. Hier hat sie z. B. Radiosendungen im Bürgerfunk für die Kreisjägerschaft Bielefeld moderiert.

Als vor mehr als 20 Jahren der DJV (Deutscher-Jagdschutz-Verband) die inzwischen bundesweit bekannte Initiative „Lernort Natur“ gründete, war sie eine der ersten Aktiven, die in Bielefeld dieses Projekt aufbauten. „Lernort Natur“ ist eine Initiative, bei der Jäger, die durch ihre Ausbildung ein umfangreiches Wissen über Tiere und Pflanzen, Wald und Landwirtschaft, Naturschutz und nachhaltige Nutzung besitzen, ihren Erfahrungsschatz an Kinder, Jugendliche, aber auch Erwachsene weitergeben und die Natur erlebbar machen.

Das Kochen von Wildgerichten und die vielfältigen Möglichkeiten der Wildzubereitung sind für die Autorin seit 25 Jahren immer ein besonderer Reiz.

Warum gerade Wild?

Vielen Menschen, so auch mir, ist die Herkunft der Lebensmittel wichtig. Beim Thema Biofleisch bin ich da schnell beim Wild. Hier habe ich ein reines Bioprodukt und als Jägerin eben gute Möglichkeiten Wildbret zu bekommen. 25 Jahre als Jägerin, auch lange Zeit ehrenamtlich tätig, da gab es bei vielen Anlässen und Gelegenheiten leckere Wildgerichte. Manchmal wurden Rezepte ausgetauscht, vieles einfach nachgekocht aus dem Gedächtnis. Und dann haben mein Mann und ich auch einfach Spaß daran, mit verschiedenen Wildarten und Zutaten neue Gerichte auszuprobieren. Wie vielfältig die Wildküche ist, will ich Ihnen mit dieser Rezeptsammlung zeigen.

„Ach, wir essen kein Wild. So große Braten mag bei uns niemand und ich kenne mich da auch nicht aus." Wie oft habe ich das schon gehört. Dabei muss es überhaupt nicht immer die Keule oder das große Rückenstück sein. Zugegeben, so eine Reh- oder Wildschweinkeule mit Rotkohl und Klößen ist immer wieder etwas Besonderes. Bei dieser Rezeptsammlung geht es mir aber darum, zu zeigen, dass es unendlich viele Möglichkeiten gibt, auch kleine, leichte Wildgerichte ganz anderer Art zu kochen. Fein marinierte Rehsteaks vom Grill oder mit Wildhack gefüllte Teigtaschen, das kommt bei der Familie oder bei Freunden gut an. Ein deftiger Eintopf, wie der Gutsherrentopf, ist ein köstliches Gericht, gerade im Herbst oder Winter. Ob Pastagericht, Auflauf, Salat oder doch einmal der Braten aus der Keule, mit Wildbret haben Sie auf jeden Fall ein wunderbares Biofleisch für Ihr Lieblingsgericht.

Wild genießen

Wild – eines der edelsten Lebensmittel überhaupt. Früher war es nur dem Adel vorbehalten und der Genuss dem einfachen Volk bei Strafe untersagt. Durch Wilderei kamen manche trotzdem ab und zu an einen leckeren Wildbraten.

Heute steht Wildfleisch vor allem für gesunde Ernährung. Wild ist das Biofleisch schlechthin. Kein Mastfutter, keine Medikamente. Unser Wild ernährt sich von dem, was die Natur bietet: Waldfrüchte, Kastanien, Bucheckern, Wildkräuter, junge Triebe oder Gras. Aber zugegeben, die Wildschweine machen sich auch gerne mal über ein Maisfeld her, sehr zum Ärger der Landwirte.

Wir bekommen auf jeden Fall gutes, mageres Fleisch, dass uns einlädt herzhafte oder feine Gerichte zu kochen. Kaufen kann man Wild häufig in Hofläden, da auch heute noch Landwirtschaft und Jagd eng verbunden sind. Auf Märkten sind die Wildhändler gute Lieferanten, oder aber Sie kennen einen Jäger, der eine Sachkundeprüfung hat und damit berechtigt ist, Wild zu verkaufen. Die Rezepte in diesem Buch reichen von der klassischen Wildkeule bis zu Pasta gefüllt mit Wildfleisch. Daneben finden Sie auch einige passende Beilagen- und Soßenrezepte, die vielleicht Lust aufs Nachkochen machen.

Es gibt unendliche viele Möglichkeiten Wildfleisch zu genießen. Viel Spaß beim „wilden“ Kochen. Auf den nachfolgenden Seiten erfahren Sie die Energiewerte von Wild ebenso wie Hintergrundwissen und Traditionen der Jagd.

Schüsseltreiben und Jagdgericht

Zum Ende einer Gesellschaftsjagd, besonders einer Treibjagd, erfolgt ein gemeinsames Essen der Jäger, Treiber und Hundeführer, das sogenannte Schüsseltreiben. Hierbei wird oft auch ein Jagdgericht einberufen, dass Jäger, Treiber und Hundeführer, die gegen das Brauchtum verstoßen haben, „bestraft". Die Strafen bestehen meist aus Getränkerunden und harmlosen Späßen. Ein Jagdgericht kann aber auch Ehrungen für vorbildliches Verhalten vornehmen.

Jägerlatein

Das Jägerlatein umfasst Geschichten und Erzählungen, deren Inhalte zwar denkbar sind, aber nicht stimmen. Sie haben anekdotenhaften Charakter, dürfen aber niemals eine Lüge sein. Das Jägerlatein lebt von Übertreibungen, deren Unwahrheit zu erkennen ist. „Wir jagen mit Elefanten, die mit dem Rüssel die Kaninchen aus dem Bau pusten, dann können wir sie wie Tauben schießen."

Jägerschlag

Dieser Brauch geht auf die frühere Wehrhaftmachung der Jägerburschen zurück. Wer früher die Jägerei erlernen wollte, musste drei Behänge (Lehrjahre) aushalten, bevor er den Lehrabschied und Hirschfänger erhielt.
Im ersten „Behang“ musste er als Hundsjunge die Hunde betreuen. Dann wurde er jagdlich und forstlich ausgebildet und musste das Schießen üben, um als hirsch-, holz- und schussgerecht zu gelten.
Im dritten Behang wurde er Jägerbursche genannt.
Nach Beendigung der Lehrzeit lud sein Lehrprinz (Lehrherr) zu seiner Wehrhaftmachung Freunde und Nachbarn ein.
Zu dieser Zeremonie gehörte es, dass er dem Jägerburschen einen (symbolischen) Backenstreich mit den Worten „Dies erleidest Du jetzt von mir, und hinfort nicht mehr, weder von mir noch von einem anderen!“ erteilte.
Damit war der Jägerbursche freigesprochen und erhielt als freier, wehrhafter Mann (und Jäger) den Hirschfänger.

Jägerschlag heute

Die Tradition des Jägerschlages gibt es auch heute noch. Nach der bestandenen Jägerprüfung gilt der Jäger 3 Jahre als Jungjäger, unabhängig vom Alter. In dieser Zeit ist er noch nicht berechtigt ein Revier zu pachten. Wenn ein Jungjäger zum ersten Mal bei einer Gesellschaftsjagd ein Stück Wild erlegt, wird er oft beim anschließenden Schüsseltreiben zum Jäger geschlagen. Wenn es nach alter Tradition geht, schlägt der Jagdherr dem Jungjäger dreimal mit dem Hirschfänger auf die rechte Schulter, mit den Worten:

„Der erste Schlag soll dich zum Jäger weihen,
der zweite Schlag dir Waidgerechtigkeit verleihen,
der dritte Schlag sei ein Gebot:
was du nicht kennst, das schieß nicht tot.“

Keine leckeren Wildgerichte ohne Jagd

Wild als Lebensmittel ist untrennbar mit der Jagd verbunden. Die heutige Jagd ist vor allem geleitet durch Nachhaltigkeit und Naturschutz. Das meiste Wild wird vom Ansitz erlegt. Die Treibjagden in den Herbstmonaten gibt es immer weniger und auch sie werden durch Nachhaltigkeit geleitet. In den meisten Jagdgebieten werden jährlich abwechselnde Flächen bejagt. Jagd hat immer noch viel mit Tradition zu tun und so finden Sie in diesem Buch auch ein paar alte Texte und Erklärungen zur Geschichte der Jagd.

Energiewerte von Wildfleisch

	Wasser	Eiweiß	Fett	Kohlehydrate	Joule	Kalorien
Reh/Rücken	73	22	3,0	*	534	128
Reh/Keule	76	21	1,3	*	429	103
Hirsch	75	21	3,3	*	494	118
Damwild	75	20	2,5	1	485	116
Wildschwein	75	22	3,0	0,4	460	110
Hase	73	22	3,0	*	499	119
Kaninchen	70	21	7,6	0,6	669	160
Fasan	74	24	2,0	*	439	105
Wildente	73	23	3,0	0,5	519	124

Lagerzeiten im Gefrierschrank

Reh- und Hirschwildbret	12–24 Monate
Wildschwein	bis zu 6 Monate
Hase und Kaninchen	bis zu 8 Monate
Tauben	bis zu 8 Monate
Wildenten	bis zu 6 Monate
Fasan	bis zu 4 Monate

Jagdkalender

Im folgenden Jagdkalender sind die Jagdzeiten der einzelnen Wildarten aufgeführt.

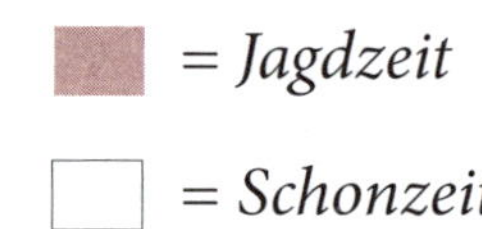

= Jagdzeit

= Schonzeit

Alle Angaben ohne Gewähr. Im Laufe des Jagdjahres können länderspezifische Änderungen eintreten. Generell § 22 Abs. 4 Bundesjagdgesetz (Nichtbejagung der für die Aufzucht notwendigen Elterntiere), § 22 a (Verhinderung von vermeidbaren Schmerzen des Wildes) und landesrechtliche Bestimmungen beachten!

Wichtiger Hinweis:
In Deutschland hat das Landesjagdgesetz Vorrang vor dem Bundesjagdgesetz und ebenso die Landesjagdverordnung Vorrang vor der Bundesjagdverordnung. Einfaches Prinzip: Grundsätzlich gilt Bundesrecht, aber wenn die Länder eigene Regeln haben, gelten diese. Das gilt insbesondere auch für die Jagdzeiten. Nur wenn ein Bundesland für eine Tierart keine abweichende Regelung hat, gelten die Jagdzeiten aus der JagdzeitV 1977.

Tierart		J	F	M	A	M	J	J	A	S	O	N	D
Damwild	*Kälber*												
	Schmalspießer												
	Schmaltiere												
	Hirsche und Alttiere												
Rehwild	*Kitze*												
	Schmalrehe												
	Ricken												
	Böcke												
Rotwild	*Kälber*												
	Schmalspießer												
	Schmaltiere												
	Hirsche und Alttiere												
Schwarzwild	*Frischlinge*												
	Überläufer												
	Bachen												
	Keiler												
Feldhase													
Wildkaninchen													
Rebhuhn													
Fasan													
Wachtel		*ganzjährig geschont*											
Wildtauben	*Ringeltaube*												
	Türkentaube												
Wildgänse	*Blässgans*												
	Graugans												
	Kanadagans												
	Ringelgans												
	Saatgans												
Wildenten	*Stockente*												
	Pfeifente												
	Krickente												
	Spießente												
	Bergente												
	Reiherente												
	Tafelente												
	Samtente												
	Trauerente												

Waidmannsheil (1. Strophe)

Das ist des Jägers Ehrenschild
das er beschützt und hegt sein Wild,
waidmännisch jagt, wie sich's gehört,
den Schöpfer im Geschöpfe ehrt.

Oskar von Riesenthal, 1880

Jagdweisheit

Ein Jäger, der kein Brauchtum pflegt
das Wild nicht füttert und nicht hegt,
der nur zum Schießen ist im Wald
nicht richtig anspricht eh' es knallt,
gewissenlos lässt Nachsuch' sein,
gibt besser ab den Jägerschein.
Wer sinnvoll Flint' und Büchs' benützt,
das edle Stück vorm Raubzeug schützt,
dem Wilderer das Handwerk legt
und stets nach bestem Vorbild hegt,
das Wild vorm Hungerstod bewahrt,
der lebt nach rechter Waidmannsart.

Quelle unbekannt

Belehrung vor der Sauhatz

Das Weibsbild heißt Bache und Keiler der Mann, und steigt er die Treppe des Alters hinan, dann wir so ein Schwarzrock, wie allseits bekannt, auch hauendes, gutes und Hauptschwein genannt. Der Vorkopf heißt Wurf und der Rüssel Gebreche, der Hauzahn Gewehr, und wenn ich jetzt spreche, vom hinteren Spielwerk, so purzelnd und klein, so nennt es sich Pürzel, auch Federlein. So aber zwei Sauen in Liebe sich finden, sich grunzend vereinen und eh'lich verbinden, kurz wenn sie erfüllen die Fortpflanzungspflicht, dann sagt man: sie rauschen, doch rammeln sie nicht. Und naht sich die Zeit, wo in traulichen Banden, gewisse Erwartung und Hoffnung vorhanden, ja dann, meine Herren, und mal ehrlich gesprochen, die Bache, sie kommt nicht in Wehen und Wochen, vielmehr und hingegen und das bleibt der Kern in diesem Fall: sie frischt meine Herrn!

Joseph von Lauff, 1915

Waidmannsheil

Hat Vergnügen man auf Erden,
immer kommt der Jammer druff,
jede Freude bringt Beschwerden,
Liebe, Spielen, Fraß und Suff,
Fischen, Reiten, Bergbesteigen,
Gicht sehr oft und Beinbruch zeugen.
Nur die Jagd macht froh und munter
und die G'sunden noch gesunder.
Nebensächlich ist das Schießen,
willst du die Natur genießen,
und vergessen Sorg' und Schmerzen.
Drum genieße sie von Herzen
als ein echter Jägersmann,
dann kann dir kein Kummer an!

Konrad Dreher, 1906

Hier sind einige ***Erklärungen*** *zu den* ***Abkürzungen****,*
die verwendet werden:
Teelöffel: TL
Esslöffel: EL
Messerspitze: Msp.
Gramm: g
Kilogramm: kg
Milliliter: ml
Zentiliter: cl
Liter: l
Zentimeter: cm
Tiefkühlkost: TK
gerieben: ger.
gehackt: geh.
gewürfelt: gew.
Bund: Bd.

Temperaturtabelle für Backöfen

Alle Temperaturangaben im Buch beziehen sich auf Ober- und Unterhitze. Hier eine kleine Tabelle zur Verwendung von Umluft:

150 °C OBU = 140 °C Umluft
160 °C OBU = 145 °C Umluft
170 °C OBU = 155 °C Umluft
175 °C OBU = 160 °C Umluft
180 °C OBU = 165 °C Umluft
190 °C OBU = 170 °C Umluft
200 °C OBU = 180 °C Umluft
225 °C OBU = 200 °C Umluft
250 °C OBU = 220 °C Umluft

Temperaturen bei Gasöfen müssen den Herstellerangaben entnommen werden!

Suppen

Böhmische Wildsuppe

*500 g Wildfleisch ohne Knochen (gemischt), 75 g Speck,
2 Zwiebeln, 1 EL Tomatenmark, Salz, Pfeffer,
4 zerdrückte Wacholderbeeren, Zucker, 1½ l Wildfond,
200 g Backpflaumen, 1 Glas Rotwein, 1 unbehandelte Zitrone,
⅛ l Schmand, 1 EL Senf, 1 EL Johannisbeergelee.*

Das Wildfleisch waschen, trocken tupfen und in kleine Würfel schneiden. Den Speck und die Zwiebeln würfeln. Den Speck auslassen und das Wildfleisch darin anbraten, die Zwiebeln dazugeben und andünsten. Das Tomatenmark kurz mitrösten. Alles mit Salz und Pfeffer würzen und die zerdrückten Wacholderbeeren und etwas Zucker zugeben, mit dem Wildfond auffüllen und langsam garen lassen.
Die Backpflaumen im Rotwein einweichen und dann im Zitronensaft mit etwas abgeriebener Zitronenschale dünsten.
Die Suppe vom Herd nehmen. Schmand mit Senf und Johannisbeergelee verrühren und vorsichtig unterrühren.
Die entsteinten Pflaumen mit dem Sud in die Suppe geben.

Die Suppe noch einmal abschmecken.

Hasensuppe

750 g Hasenklein, 100 g Butter, 1 gr. Zwiebel, 3 Wacholderbeeren, 1 Lorbeerblatt, 5 Pfefferkörner, 1 Möhre, 1 Stück Sellerie, 2 Nelken, ¼ l Rotwein, 1 l Wildfond, 30 g Mehl, ⅛ l Madeira, geröstete Brotwürfel.

Das Hasenklein in 50 g Butter anrösten, die gewürfelten Zwiebeln zugeben und mitrösten. Zerdrückte Wacholderbeeren, Lorbeerblatt, Nelken, Pfefferkörner, gewürfelte Möhre und gewürfelten Sellerie zugeben, anrösten und mit Rotwein ablöschen. Den Wildfond dazugießen.
Etwa 2 Std. köcheln lassen. 50 g Butter mit dem Mehl anrösten, die Wildbrühe durch ein Sieb dazugießen und verquirlen, damit alles glatt wird. Wildfleisch und Gemüse passieren und in die Suppe geben.

Die Suppe mit Madeira abschmecken. Die gerösteten Brotwürfel rösten und mit der Suppe servieren.

Taubenbouillon

3 oder mehr Taubenkarkassen, 1 Möhre, ¼ Knollensellerie, 1 Stange Lauch, 1 Zwiebel, 1 Knoblauchzehe, 2 EL Olivenöl, 4 Zweige Thymian, 2 Zweige Rosmarin, 1 Lorbeerblatt, 1 Schuss Wermut, 6 Koriandersamen, Salz, Pfeffer.

Die Karkassen im Ofen bei ca. 250 °C etwa 10 Min. bräunen. Sellerie, Möhre, Lauch, Zwiebel und Knoblauch würfeln und im Olivenöl anbraten. 1½ l Wasser aufkochen, die Karkassen zugeben und zwischendurch das Eiweiß abschöpfen.
Die Kräuter und das Gemüse zufügen und im Ofen bei geschlossenem Deckel 12 Std. bei 90 °C ziehen lassen.
Die Suppe durch ein Tuch abgießen und zur gewünschten Konsistenz einkochen lassen.

Bei Grippe oder Erkältung ist diese Brühe ein wahres Wundermittel!

Waldpilzcreme mit Wildschweinschinken

500 g Waldpilze gemischt, 4 mittelgroße Kartoffeln, 2 Zwiebeln,
1 l Pilzfond, 30 g Butter, Salz, Pfeffer,
100 g Wildschweinschinken, 4 EL Sahne,
1 EL Kräuter (Dill, Petersilie, Thymian, Majoran, Liebstöckel).

Die Pilze und Kartoffeln in dünne Scheiben schneiden. Die Zwiebeln würfeln. Die Kartoffeln in dem Pilzfond garen. Pilze und Zwiebeln in einem zweiten Topf in der Butter weich dünsten und mit Salz und Pfeffer würzen.
Anschließend den Fond durch ein Sieb in den zweiten Topf passieren. Die Suppe zugedeckt ca. 10 Min. bei schwacher Hitze ziehen lassen, knapp unter dem Siedepunkt.
Den Wildschweinschinken kurz kross anbraten und in Streifen schneiden.

Die Sahne schlagen und mit den Kräutern mischen.
Unter die Suppe geben und die Suppe mit den Schinkenstreifen servieren.

Wildkraftbrühe mit Pfifferlingen

1 Bd. Suppengemüse, Butter, 2 kg Kleinfleisch vom Wild, 2 l Wildbrühe oder Wildfond, 3 Wacholderbeeren, 3 Pfefferkörner, 150 g Pfifferlinge, 3 Stängel Petersilie.

Das Suppengemüse putzen und zerkleinern. In einem Topf kurz in Butter anschwitzen. Das Fleisch und den Pilzfond zugeben und aufkochen.

Die Wacholderbeeren und die Pfefferkörner in einem Säckchen in die Brühe geben, ca. 2 Std. leise köcheln lassen und dabei mehrfach entfetten, wenn nötig die Verdunstung durch kaltes Wasser ersetzen. Die Brühe durch ein Spitzsieb oder Tuch passieren, aufkochen und abschmecken. Die Pfifferlinge putzen und kurz blanchieren, als Einlage in Suppentassen verteilen, mit der Brühe übergießen und mit gehackter Petersilie garnieren.

Hasensamtsuppe

*3 Zwiebeln, 250 g Champignons, 2 EL Butter,
¼ l trockener Rotwein, ½ l Wildfond, Salz, Pfeffer, 1 Lorbeerblatt,
Thymian, ¼ l süße Sahne, 250 g Hasenfilet, Orangensaft.*

Die Zwiebeln und die geputzten Champignons fein hacken. Die Butter in einem Topf aufschäumen und die Zwiebeln glasig dünsten. Das Pilzmus zugeben und bei geringer Hitze einkochen lassen. Mit Rotwein und Wildfond ablöschen. Die Gewürze einrühren und 10 Minuten ohne Deckel kochen lassen, Sahne zugeben und bei verstärkter Hitze weitere 10 Minuten sprudelnd kochen.
Die Hitze reduzieren. Das Hasenfilet säubern und in ganz dünne Scheiben schneiden. Das Fleisch in die nicht mehr kochende Suppe geben und ca. 5 Minuten ziehen lassen.
Noch einmal mit Salz, Pfeffer und Orangensaft abschmecken.

Kaninchensuppe

50 g durchwachsener Speck, 500 g Kaninchenfleisch, 2 EL Öl, 2 Zwiebeln, 1 Bd. Suppengrün, Salz, Pfeffer, 2 Wacholderbeeren, 1 l Wildfond, 125 g Reis, 1 Pk. TK-Suppengemüse, 4–5 Tomaten, ⅛ l Rotwein, 1–2 EL Schmand.

Den Speck und das Fleisch würfeln und im Öl anbraten. Zwiebeln und Suppengrün würfeln und mit andünsten. Mit Salz und Pfeffer würzen.
Die Wacholderbeeren zugeben und mit Wildfond ablöschen.
20 Minuten köcheln lassen.

Erst den Reis und dann nach 10 Minuten das TK-Gemüse und die gewürfelten Tomaten zugeben.
Evtl. noch mit Wildfond auffüllen, wenn der Reis quillt.
Den Rotwein und Schmand einrühren und die Suppe noch einmal abschmecken.

Wildsuppe mit Pfifferlingen

600 g Wildfleisch, 500 g Wildknochen, 2 l Wasser, 1 Zwiebel, 1 Bd. Suppengrün, 1 Lauchstange, 3 Möhren, 8 Wacholderbeeren, 2 Lorbeerblätter, 2 Nelken, 250 g Pfifferlinge, 200 ml Sahne, 500 g grüne Bohnen (vorgegart), Butter, Salz, Pfeffer, Petersilie.

Das Fleisch und die Knochen waschen und die Knochen auf einem Blech bräunen. Das Fleisch kurz anbraten und das gewürfelte Gemüse, Wacholderbeeren, Lorbeerblätter und Nelken mit anschwitzen. Die Knochen dazugeben und das Wasser angießen.

Nach 1–1½ Stunden das Fleisch und die Knochen aus der Brühe nehmen und die Brühe durch ein Sieb geben. Das Fleisch würfeln, die geputzten Pfifferlinge in Butter anbraten. Fleisch, Bohnen und Pfifferlinge in die Brühe geben und die Sahne zugeben. Mit Salz, Pfeffer und gehackter Petersilie abschmecken.

Salate

Weißkrautsalat mit Speck

1 Weißkohl (ca. 800 g), 2 TL Salz, Pfeffer, 1 TL Zucker, gem. Kümmel, ⅛ l Gemüsebrühe, 3 EL Apfelessig, 6 EL Öl, ½ Bd. glatte Petersilie, 1 Zwiebel, Butterschmalz zum Anbraten, 125 g Speckwürfel.

Die äußeren Blätter des Kohls entfernen, den Kohl achteln, den Strunk herausschneiden, fein hobeln und in eine Schüssel geben. Salz, Pfeffer, Zucker, Kümmel, heiße Brühe, Essig und Öl zugeben. Den Kohl mit den Händen kräftig durchkneten. Die Petersilie waschen, trocknen, von den Stielen zupfen und hacken. Die Zwiebel würfeln und im Butterschmalz andünsten. Den Speck zugeben und mit schmoren. Zwei Drittel der Mischung unter den Salat mischen und den Salat nochmals abschmecken.

Den Salat mit der restlichen Speckmischung und Petersilie garnieren und servieren.

Rapunzelsalat im Käsekörbchen mit Hirschschinken

150 g Rapunzelsalat (Feldsalat), 100 g Walnüsse, 150 g Parmesan, 50 ml Pflanzenöl, 100 ml Olivenöl, 100 ml Walnussöl, ½ EL Essig, Salz, Pfeffer, Zucker, 80 g Schmand, 3 Scheiben Mischbrot, Hirschschinken, Walnusskerne.

Den Feldsalat putzen, waschen und trocknen. Die Walnüsse hacken, zusammen mit dem Feldsalat und dem geriebenen Parmesan in ein hohes Gefäß geben und mit dem Stabmixer zu einem Pesto verarbeiten. Dabei nach und nach das Olivenöl und das Pflanzenöl zugeben. Für die Käsekörbchen Parmesan (ca. 6 EL pro Korb) reiben und kleine Häufchen auf ein mit Backpapier belegtes Backblech geben. Den Käse bei 180 °C zerlaufen und leicht bräunen lassen. Die Käsetaler über einem runden Gefäß formen, dabei zwischen das Gefäß und den Käse Backpapier legen.
Den Käse abkühlen lassen.
Essig mit Salz, Pfeffer und Zucker verrühren, das Walnussöl langsam hineingeben, bis ein Balsam entsteht. Entrindete Brotscheiben braun anbraten und in Stücke schneiden.
Den Hirschschinken in Streifen schneiden. Den Feldsalat in die Käsekörbchen geben und in die Mitte eines Tellers setzen. Die Brotstücke herumlegen. Etwas Schmand auf das Brot geben und mit Rapunzelpesto beträufeln. Walnussölbalsam über den Salat geben. Alles mit Schinkenstreifen und einigen Walnusskernen servieren.

Wildsalat mit Pilzen

300 g festkochende Kartoffeln, 300 g gebratenes Wildfleisch, 300 g gemischte Pilze, 60 g Butter, ⅛ l Rotwein, 2 Schalotten, 200 g Weintrauben, 1 EL Balsamicoessig, 100 ml Braten- oder Wildfond, 1 EL Walnussöl, Salz, Pfeffer, 1 TL Zitronensaft, Petersilie, 50 g Walnusskerne.

Die Kartoffeln kochen und in Scheiben schneiden. Gebratenes Wildfleisch schräg zur Faser klein schneiden. Die in Scheiben geschnittenen Pilze in der Butter kurz anbraten. Die Schalotten in Ringe schneiden, die Weintrauben halbieren und entkernen. Den Balsamicoessig mit Bratenfond und Walnussöl vermengen, salzen, pfeffern und mit Zitronensaft mischen.

Kartoffeln, Fleisch, Pilze, Schalotten und Weintrauben mischen und mit der Marinade übergießen.

Etwa 20 Min. ziehen lassen und mit Petersilie und Walnusskernen garniert servieren.

Feldsalat mit Roter Bete und Maronen

1–2 Orangen, 1 große Rote Bete, 200 g Feldsalat, 40 ml Himbeeressig, 20 g Senf, 2 EL Olivenöl, Zucker, Salz, Pfeffer, 200 g Maronen.

Die Orangen schälen und filetieren, dabei den verbliebenen Saft auspressen und auffangen. Die Rote Bete schälen und in feine Streifen hobeln. Den Feldsalat waschen und trocknen.

Orangensaft, Essig und Senf mit 5 EL Öl zu einer Vinaigrette vermischen und mit Zucker, Salz und reichlich Pfeffer abschmecken. Etwas Öl in einer Pfanne erhitzen und die Maronen bei mittlerer Hitze braten. 2 EL Zucker über die Maronen streuen und ca. 30 Sekunden karamellisieren.

Die Rote Bete mit der Vinaigrette mischen und den Feldsalat vorsichtig unterheben. Den Salat auf Tellern anrichten und mit Maronen und Orangenfilets belegt servieren.

Herbstsalat mit Fenchel und Roter Bete

Dressing: 80 g fein gew. durchwachsener Speck, 2 Schalotten, 2 EL Apfelessig, 1 TL Senf, Honig oder Zucker, 5 EL Rapsöl, Salz, Pfeffer.

Salat: 50–100 g frischer Spinat, 100 g Feldsalat, 1 kleine Rote Bete, 1 kleine Fenchelknolle, 100 g Gorgonzola.

Für das Dressing den gewürfelten Speck in etwas Öl knusprig braten. Die Schalotten schälen, würfeln und kurz zum Speck dazugeben. Die Mischung mit Apfelessig ablöschen.

Senf mit Honig oder Zucker, Öl, Salz und Pfeffer verschlagen und den Speck und die Zwiebeln zufügen.

Für den Salat den Spinat und den Feldsalat putzen, waschen und trocknen. Die Rote Bete schälen und reiben. Den Fenchel waschen, putzen, den Strunk entfernen und in feine Streifen schneiden. Alles vermengen und das Dressing darübergeben. Den zerbröselten Käse darauf verteilen.

Mangoldsalat mit Erdnussvinaigrette

2 Orangen, 100 g Babymangold, 100 g Rucola, 2 Schalotten, 40 g Erdnüsse, 2 EL Olivenöl, 2 EL Zucker, 60 g Erdnussbutter, Salz, Pfeffer.

Die Orangen schälen und filetieren, den verbliebenen Saft auspressen und auffangen. Den Babymangold und Rucola waschen und trocknen. Die Schalotten schälen und fein würfeln. Die Erdnüsse grob hacken. Den Orangensaft mit Öl, Zucker, Erdnussbutter und Schalotten verrühren und mit Salz und Pfeffer abschmecken.

Babymangold und Rucola mit der Vinaigrette und gehackten Erdnüssen vermischen, auf Tellern anrichten und mit den Orangenfilets garnieren.

Rucolasalat mit Pilzen und Cranberrys

200 g Rucola, 250 g Champignons, 60 g Cranberrys, 2 TL Senf, 20 g Basilikum, 50 g Schinkenwürfel, 5 EL Olivenöl, 2 EL Weißweinessig, Salz, Pfeffer, Zucker.

Die Pilze putzen und in feine Scheiben schneiden. Den Rucola waschen, trocknen und in Stücke zupfen. Die Stiele der Basilkumblätter entfernen und den Basilikum mit Rucola mischen. Senf, 5 EL Öl und Weißweinessig verrühren. Nach Geschmack mit Salz, Zucker und Pfeffer würzen. Die Vinaigrette mit dem Salat mischen. Die Cranberrys grob hacken.
Etwas Öl in einer Pfanne erhitzen und die Champignons und Schinkenwürfel bei starker Hitze darin goldbraun braten.

Die Champignonscheiben und Schinkenwürfel auf Tellern anrichten, mit dem Salat belegen und mit Cranberrys bestreuen

Hauptgerichte

Damwildragout

750 g Damwildfleisch oder Rotwildfleisch,
Marinade für Rot- und Rehwild nach dem Rezept auf S. 148,
3 EL Mehl, 100 g Butter, 1 EL Tomatenmark, Salz, Pfeffer,
1 EL Crème fraîche.

Das Fleisch in mundgerechte Stücke schneiden und in der Marinade einlegen. Das Fleisch sollte dabei bedeckt sein oder muss gewendet werden (immer mindestens ⅔ in Marinade). Über Nacht kühl stellen.

Die Marinade durch ein Sieb gießen. Das Fleisch trocken tupfen und mit Mehl bestäuben.
Danach in Butter braun anbraten und das Tomatenmark zufügen.
Das Gemüse aus der Marinade hinzugeben und mitbraten.
Mit Wasser bedecken und den Kochschaum abschöpfen. Etwa 1 Std. bei mittlerer Hitze garen. Das Fleisch aus der Soße nehmen und die Soße einkochen lassen.

Mit Salz und Pfeffer abschmecken und etwas Crème fraîche unterziehen.

Fasan auf Sauerkraut

1 küchenfertiger Fasan, Salz, Pfeffer, Speckscheiben zum Umwickeln, 40 g gew. Speck, Öl, 1 gew. Zwiebel, 500 g Sauerkraut, ¼ l Weißwein, Lorbeerblatt, 3 Wacholderbeeren, 125 g Trauben, Zucker.

Den Fasan waschen, trocknen und innen und außen mit Salz einreiben und pfeffern. Den Fasan mit Speckscheiben umwickeln, die Speckwürfel auslassen und Öl zufügen. Den Fasan von allen Seiten anbraten, aus dem Bratfett nehmen und die Zwiebelwürfel andünsten.
Das Sauerkraut dazugeben, erhitzen und den Wein angießen. Das Lorbeerblatt und einige Wacholderbeeren zufügen und etwas salzen und pfeffern.

Den Fasan auf das Sauerkraut setzen und 60–70 Min. schmoren lassen. Den Fasan nach Ende der Garzeit herausnehmen und portionieren. Die Trauben waschen, halbieren und entkernen, zum Sauerkraut geben und mit Salz und Zucker abschmecken.

Den Fasan auf dem Sauerkraut anrichten.

Fasanenbrust in Pancettahülle mit Polenta, Pilzsoße und Wirsing

4 Fasanenbrüste, Salz, Pfeffer, Blättchen von Thymianzweigen, 12 sehr dünn geschnittene Scheiben Pancetta, ½ Kopf Wirsing, 90 g Butter, 250 g Steinpilze und Pfifferlinge gemischt, 150 ml Geflügelfond, 100 ml Sahne, 3 EL geh. Thymian, Petersilie u. Schnittlauch, 225 ml Milch, 4 EL Instant-Polenta, 2 EL ger. Parmesan.

Die Fasanenbrüste häuten und von Fetträndern befreien. Das Fleisch salzen, pfeffern und mit Thymianblättchen bestreuen. Jede Fasanenbrust in 3 Scheiben Pancetta wickeln. Mit den „Nähten" nach unten legen, damit der Pancetta sich beim Braten nicht löst.

Den Wirsing waschen und sehr fein schneiden, blanchieren und abtropfen lassen. 30 g Butter schmelzen und den Wirsing ca. 10–15 Min. köcheln lassen. Mit Salz und Pfeffer würzen. Den Backofen auf 180 °C vorheizen, die Fasanenbrüste in Butter bei starker Hitze in einer beschichteten Pfanne anbraten. Auf einem Backblech ca. 10–15 Min. weitergaren. Die Fasanenbrüste danach ruhen lassen.

Während das Fleisch im Ofen ist, die geputzten Pilze in Scheiben schneiden und mit der Butter in der Pfanne, in der das

Fasanenfleisch angebraten wurde, dünsten. Geflügelfond und Sahne zugeben und bei starker Hitze einreduzieren. 1 EL Kräuter zugeben.

Die Milch aufkochen und die Polenta einrieseln lassen. Die Polenta nach Packungsanweisung kochen, wenn sie nicht mehr grobkörnig ist, den Parmesan und etwas Butter unterrühren. Die restlichen Kräuter zugeben und die Polenta zu Klösschen formen.

Jede Fasanenbrust in 4–5 Scheiben schneiden. Die Fleischscheiben auf dem Wirsingbett anrichten, mit den Polentaklößchen umlegen und mit der Pilzsoße überziehen.

Fasan in Speck

1 küchenfertiger Fasan, Salz, Pfeffer, Thymian, nach Geschmack: geh. Innereien zur Füllung, ca. 5 Speckscheiben zum Umwickeln, 2 EL Öl, Pfeffer, 125 ml Schmand.

Den Fasan waschen, trocknen und innen und außen mit Salz, Pfeffer und Thymian würzen. Die Innereien säubern und fein hacken, würzen und als Füllung in den Fasan geben, den Fasan zunähen.
Danach mit Speckscheiben umwickeln und im erhitzen Öl im ofenfesten Topf von allen Seiten anbraten. In den Ofen geben und etwas Wasser angießen. Den Fasan garen und immer wieder die verdampfte Flüssigkeit ersetzen. Anschließend den Fasan aus dem Topf nehmen und warm stellen.

Den Schmand zum Bratensatz geben und mit etwas Wasser loskochen, abschmecken und evtl. binden. Die Füllung aus dem Fasan nehmen und schneiden.

Den Fasan portionieren und mit Füllung und Soße anrichten.

Tipp: Mit Grünkohl-Gratin s. Seite 125 servieren.

Fasan mit Mandelfüllung

1 küchenfertiger Fasan, 2 EL Butter, 1 Eigelb, 3 EL Semmelbrösel, 2 EL geh. Mandeln, 3 EL Sahne, Salz, Pfeffer, Muskatnuss, 1 Eiweiß, Estragon gerebelt, ca. 5 Speckscheiben, 50 g Schalotten, Butterschmalz, ½ l Geflügelfond, Crème fraîche.

Den Fasan abspülen und trocken tupfen. Die Butter schaumig rühren, mit Eigelb, Semmelbröseln, Mandeln und Sahne verrühren. Mit Salz, Pfeffer und Muskatnuss würzen. Das Eiweiß steif schlagen und unter die Masse heben.

Den Fasan mit der Mandelmasse füllen und zunähen, mit Salz, Pfeffer und Estragon einreiben und mit Speckscheiben umwickeln. Die Schalotten würfeln, den Fasan in Butterschmalz von allen Seiten anbraten, die Schalotten zugeben und mit Geflügelfond nach und nach angießen.

Den gegarten Fasan portionieren, die Füllung in Scheiben schneiden. Die Schmorflüssigkeit evtl. mit Fond verlängern, abschmecken und mit Crème fraîche binden.

Försterspieße mit Cumberlandsoße

Soße: 1 ger. Schale einer unbehandelten Orange, 3 EL Rotwein, 250 g Johannisbeergelee, 2 TL Senf, Salz, Pfeffer, Zitronensaft,

Fleisch: 500 g Hirschrücken ausgelöst, 100 g durchwachsener Speck, 1 Gewürzgurke, 4 EL Olivenöl, Rosmarin.

Für die Cumberlandsoße den Orangenabrieb und den Rotwein in einem Topf ca. 10 Min. köcheln und dann erkalten lassen. Das Johannisbeergelee mit dem Senf vermischen und die Orangen-Rotwein-Mischung zufügen.
Alles mit Salz, Pfeffer, Zitronensaft und evtl. Rotwein abschmecken.

Den Hirschrücken abspülen, trocken tupfen und enthäuten. Hirschfleisch, Speck und Gewürzgurke in ca. 2 cm große Stücke schneiden. Die Würfel mit Pfeffer und Rosmarin würzen und auf Spieße stecken. Auf dem Grill oder in der Pfanne mit dem Olivenöl braten.

Mit der Cumberlandsoße servieren.

Frischlingsrücken mit Hagebuttensoße

1 Frischlingsrücken, 2 Möhren, ½ Knolle Sellerie, 3 Zwiebeln, 200 g geräucherter Speck, 4 EL Tomatenmark, 1 Zweig Rosmarin, 1 l Rotwein, 3 l Wildfond/Rinderbrühe, 100 ml Gin, 2 Lorbeerblätter, 4 Wacholderbeeren, Salz, Pfeffer, 300 g Hagebuttenmark oder 180 g Hagebuttenmarmelade.

Den Frischlingsrücken auslösen und die Knochen hacken (evtl. vom Wildhändler machen lassen). Die Knochen dann in einem breiten Topf langsam anbraten. Das gewürfelte Gemüse und den gewürfelten Speck zufügen und mitrösten. Das Tomatenmark dazugeben und kurz anrösten. Mit Rotwein ablöschen und mit dem Fond oder der Brühe auffüllen. Die Gewürze und den Gin zugeben und mindestens 3 Std. köcheln lassen.

Die Soße durch ein Tuch passieren und auf 1 l reduzieren. Das Hagebuttenmark oder die Hagebuttenmarmelade dazugeben und abschmecken. Den Frischlingsrücken mit Salz und Pfeffer würzen und von allen Seiten scharf anbraten. Anschließend im Ofen bei 120 °C garen, bis das Fleisch eine Kerntemperatur von 55 °C hat.

Das Fleisch in Butter kurz nachbraten und portionieren, mit der Hagebuttensoße servieren.

Gebeizter Frischlingsrücken

Fleisch: 800 g Frischlingsrücken, 16 g Pökelsalz, 1 Zweig Thymian, 1 Zweig Rosmarin, 1 Lorbeerblatt, 80 g gew. Zwiebeln, 2 Knoblauchzehen zerdrückt, 1 TL Pfefferkörner zerdrückt, 3 Wacholderbeeren zerdrückt, ½ TL Senfkörner, Zitronenabrieb, Öl.

Soße: 10 g Butter, 2 fein gew. Schalotten, ⅛ l Malzbier, ½ TL Kümmel, 200 ml Fond vom Frischling.

Den Frischlingsrücken mit dem Pökelsalz einreiben. Die Kräuter und Gewürze gleichmäßig auf einem Blech verteilen, das Fleisch darin wälzen und 24 Std. im Kühlschrank beizen.
Das Fleisch von Kräutern und Gewürzen befreien und abtupfen. In erhitztem Öl rasch rundherum anbraten. Auf ein Blech setzen und ca. 30 Min. bei etwa 80 °C Umluft garen. Anschließend an einem warmen Ort ruhen lassen.

Die Butter für die Soße aufschäumen und die Schalottenwürfel zugeben. Das Malzbier zufügen, den Kümmel ebenfalls und alles auf die Hälfte reduzieren. Den Frischlingsfond dazugießen, durchkochen lassen und abschmecken.

Gebratene Wildtaubenbrüstchen

5–6 Wildtaubenbrüstchen, Salz, 1 TL Paprikapulver, 1 TL ger. Zitronenschale, 1 ger. Zwiebel, 1 EL fein geh. Petersilie, 6 dünne Speckscheiben, Butter.

Die sorgfältig ausgelösten Taubenbrüste leicht salzen. Mit Paprikapulver bestäuben und mit dem Gemisch von Zitronenschale, Zwiebel und Petersilie einreiben.

Die Taubenbrüste in Speckscheiben wickeln. Reichlich Butter erhitzen und die Taubenbrüstchen darin anbraten. Den Speck abnehmen und die Taubenbrüstchen bräunen lassen

Gebratene Wildgans mit Backobstragout

1 küchenfertige Wildgans, Salz, Pfeffer, ½ Bd. getrockneter Beifuß, 2 Schalotten, 2 EL Öl, 500 g Backobst, 200 ml Apfelsaft, 1 EL Zitronensaft, Salz, Pfeffer.

Die Wildgans innen und außen kräftig mit Salz und Pfeffer einreiben. Den Beifuß in die Gans geben. ½ l Wasser in eine Fettpfanne füllen, ein Gitter auflegen und die Gans mit der Brust nach unten aufs Gitter legen. Im vorgeheizten Backofen bei 140 °C etwa 1,5–2 Std. garen. Die Temperatur auf 180 °C erhöhen und die Gans auf den Rücken wenden. Weitere 1,5–2 Std. knusprig braten, dabei immer wieder mit dem Bratfond begießen. Die Gans aus dem Ofen nehmen und warm stellen.

Den Bratenfond entfetten und mit Wasser lösen. Mit Salz und Pfeffer abschmecken und binden. Die gewürfelten Schalotten im Öl glasig dünsten, das Backobst dazugeben und mit Apfelsaft ablöschen. Kurz aufkochen und bei ausgeschaltetem Herd 15 Min. quellen lassen.

Mit Zitronensaft, Salz und Pfeffer abschmecken.

Gefüllte Wildgänsebrust

4 Wildgänsebrüste, 400 ml Orangensaft, 1½ TL Majoran gerebelt, 1 Prise Estragon, Salz, Pfeffer, 2 cl Cognac, 750 g Pfifferlinge, 1 Zwiebel, 50 g Speck (mager), 300 ml Geflügelfond, 1 Ei, Butter zum Einfetten, 3 EL Johannisbeergelee, 2 cl Creme de Cassis, 2 EL Speisestärke.

Die Gänsebrüste mit Orangensaft, Majoran, Estragon, Salz, Pfeffer und dem Cognac marinieren und kalt stellen. Das Ei verquirlen. Die Pfifferlinge putzen. Die kleingewürfelten Zwiebeln und Speckwürfelchen anbraten und die Hälfte der Pfifferlinge zugeben. Mit Geflügelfond aufgießen, abschmecken und einkochen lassen. Vom Herd nehmen und wenn es etwas abgekühlt ist, das Ei unterrühren.

Die Gänsebrüste abtrockenen, beidseitig kurz anbraten, schräg aufschneiden und mit der abgekühlten Masse füllen. Jedes Stück in gebutterte Alufolie einpacken und im Ofen ca. 1 Std. bei 200 °C rosa braten.

Die restlichen Pfifferlinge andünsten und die Marinade dazusieben. Johannisbeergelee und Cassislikör dazugeben, alles aufkochen lassen und mit Stärke binden.

Die Gänsebrüste schräg in Streifen schneiden und auf der Soße servieren.

Große Teigtaschen mit Wildhack gefüllt

Teig: 300 g Durumweizenmehl oder normales Weizenmehl, 1 Prise Meersalz, 3 Eier (sollten Zimmertemperatur haben), 1 EL natives Olivenöl.

Füllung: 300 g Wildhack, 1 geh. Zwiebel, 1 geh. Knoblauchzehe, 1 Ei, 1 TL Senf, etwas Paniermehl, Salz, Pfeffer, Thymianblätter, Oreganoblätter.

Für den Teig Mehl und Salz auf die saubere Arbeitsfläche oder in eine große Schüssel geben. In der Mitte eine Mulde formen und die Eier hineingeben. Mit einer Gabel verrühren und das Öl zugießen. Langsam das Mehl unter die Eier arbeiten, bis sie nicht mehr flüssig sind. Nun rasch mit beiden Händen das ganze Mehl unter die Eimasse kneten, so dass ein fester Teig entsteht, evtl. etwas Wasser zugeben. Den Teig mit den Handballen kneten und dabei immer um 90 °C drehen.

Den Teig in Klarsichtfolie wickeln und 20 Min. ruhen lassen. Danach den Teig halbieren und mit der Nudelmaschine so lange nach Anweisung bearbeiten, bis er die gewünschte Dicke hat. Die andere Teighälfte ebenso bearbeiten.

Für die Füllung das Wildhack mit Zwiebel, Knoblauch, Ei, Senf und Paniermehl vermengen und kräftig mit Salz, Pfeffer, Thymian- und Oreganoblättchen würzen. Die Hackfleischmischung anbraten und abschmecken.
Große Nudelformen (Ravioli oder Calzone) mit Teig auslegen.
Die Füllung in die mit Teig ausgelegte Form geben und die Form fest verschließen.

In einem großen Topf Salzwasser aufkochen und die Teigtaschen hineingeben. Wenn die Teigtaschen an die Oberfläche kommen, diese mit einem Schaumlöffel herausnehmen und sofort mit vorbereiteter Soße (Pilz- oder Tomatensoße) servieren.

Gespickte Hirschkeule

2 kg Hirschkeule, 150 g fetter Speck, Pfeffer, Salz, Salbei gerebelt, 100 g fette Speckscheiben, 1 Bd. Suppengrün, ½ l Wildfond.

Die Hirschkeule abspülen, trocken tupfen und enthäuten. Den fetten Speck in Streifen schneiden und in frisch gemahlenem Pfeffer wenden. Die Hirschkeule damit spicken und dann mit Pfeffer, Salz und gerebeltem Salbei einreiben. Die Speckscheiben in eine ausgespülte Rostbratpfanne geben und die Hirschkeule darauflegen.

Das geputzte und gewürfelte Suppengrün zugeben und alles in der Pfanne im Ofen bei 200–225 °C garen. Wenn der Bratensatz bräunt, den Wildfond angießen und bei Bedarf nachgießen. Die Keule ca. 2–2½ Std. garen. Das Fleisch sollte noch leicht rosa sein.

Hasenpfeffer

3 EL Olivenöl, 4 EL Butter, Vorder- und Hinterläufe eines Hasen (ausgelöst und gew.), 2 EL Mehl, 300 ml Wildfond, 2 Knoblauchzehen, 4 Zweige Thymian, 1 Lorbeerblatt, 2 Gewürznelken, schwarzer und weißer Pfeffer, Salz, ¼ l Weißwein, 1 Schuss Sahne, Pfeffer, Petersilie, rote Pfefferkörner.

Olivenöl und Butter erhitzen und die Fleischwürfel darin anbraten. Mit Mehl bestäuben und verrühren. Den Wildfond angießen und glattrühren. Gehackten Knoblauch, Thymian, Lorbeerblatt, Gewürznelken, schwarzen und weißen Pfeffer dazugeben und etwas salzen.
Mit dem Weißwein aufgießen und abgedeckt mindestens 2 Std. bei 145 °C garen.

Mit etwas Sahne, Salz und Pfeffer abschmecken.
Mit Petersilie und rotem Pfeffer garnieren und servieren.

Hasen-Stifado

1 küchenfertiger Hase, 6 EL Olivenöl, Salz, Pfeffer, ½ l Rotwein, 1 kg sehr kleine Zwiebeln, 1 Knoblauchzehe, 200 g gew. Tomatenfleisch, 1 Msp. gem. Piment, 3 Gewürznelken, 1 Zimtstange, 2 Lorbeerblätter, Zucker, 125 g süße Sahne, Speisestärke.

Den Hasen in Teile schneiden, in 3 EL Öl anbraten, salzen, pfeffern und mit Rotwein ablöschen. 30 Min. zugedeckt schmoren lassen. Die geschälten Zwiebeln und den Knoblauch in 3 EL Öl andünsten und zu dem Fleisch geben. Die Tomatenwürfel und alle Gewürze untermengen und weitere 30 Min. garen. Die Sahne mit Speisestärke verrühren und in das Stifado geben.

Vorsichtig aufkochen und abschmecken.

Hirschgulasch süß-sauer

800 g schieres Hirschfleisch, 2 große Zwiebeln, 20 g Champignons, 6 EL Öl, 4 EL Weinbrand, Saft ½ Zitrone, ⅛ l Rotwein, 0,5 l Wildfond, 5 EL Gewürzgurke (in Scheiben), 5 EL marinierte Rote Bete (fein geschnitten), 5 EL frische Sahne, 2 EL Speisestärke angerührt, Salz, Pfeffer, Petersilie.

Das gesäuberte und gewürfelte Fleisch mit Salz und Pfeffer gewürzt in Öl anbraten. Die gewürfelten Zwiebeln mitbräunen und zum Schluss die in Scheiben geschnittenen Champignons dazugeben. Mit Rotwein und Wildfond ablöschen, Weinbrand, Zitronensaft und die anderen Zutaten, bis auf die Petersilie, zugeben und alles ca. 30 Min. köcheln lassen.

Mit Speisestärke binden, abschmecken und mit Petersilie garniert servieren.

Hirschkeule mit Biersoße

*2 Zwiebeln, ½ Knolle Sellerie, 2 Möhren, Öl,
1 kg Hirschkeule ausgelöst, 200 ml Apfelessig, 3 cl Rotwein,
¼ l Wildfond, 400 ml dunkles Starkbier,
1 gepresste Knoblauchzehe, 2 EL geh. Ingwer, 1 Lorbeerblatt,
3 Zweige Thymian, 5 zerdrückte Wacholderbeeren,
ger. Zitronenschale, 2 EL Zuckersirup, Salz, Pfeffer.*

Das Gemüse putzen und würfeln. Das Öl im Bräter erhitzen und das Fleisch darin von allen Seiten kräftig anbraten. Das Gemüse zugeben und mit andünsten.
Mit Apfelessig ablöschen und Rotwein, Wildfond und Bier zufügen.
Im Ofen bei kleiner Hitze ca. 4 Std. garen.
Knoblauch, Ingwer, Lorbeerblatt, Thymian, Wacholderbeeren, Zitronenschale, Zuckersirup, Salz und Pfeffer zugeben und das Fleisch ca. ½ Std. weiter garen, bis es weich ist. Danach aus dem Bräter nehmen und warm stellen.

Die Soße passieren, abschmecken und zum Fleisch servieren.

Hirschsteaks Försterinnenart

1 Zwiebel, 200 g Pfifferlinge, Butter,
4 Pfirsichhälften (aus der Dose), 2 EL Preiselbeeren,
4 Hirschsteaks, Salz, Pfeffer, Petersilie.

Die Zwiebel würfeln und die Pfifferlinge putzen. Zwiebel in Butter andünsten und Pfifferlinge zugeben, garen und warm stellen. Die Pfirsichhälften mit Preiselbeeren füllen. Die Hirschsteaks unter fließendem Wasser abspülen und trocken tupfen. Von Haut und Sehnen befreien. Die Steaks leicht plattieren, salzen und pfeffern. Auf den Grill geben und beide Seiten nach kurzer Grillzeit mit Butter bestreichen.

Die Steaks nach Geschmack, z. B. medium, grillen. Mit Salz und Pfeffer abschmecken und mit Petersilie garnieren.

Mit Pfifferlingen und gefüllten Pfirsichhälften servieren.

Kaninchen in Senf-Estragon-Soße

1 küchenfertiges Wildkaninchen, 1 Bd. Estragon, 100 g Senf, 50 g Butter, Salz, Pfeffer, ½ l Wildfond, ½ l Weißwein, 500 g dünne grüne Bohnen, Bohnenkraut, Zucker, 8–10 Scheiben durchwachsener Speck, Crème fraîche.

Das Kaninchen abspülen, trocken tupfen, enthäuten und vom Fett befreien. Die Keulen und Läufe vom Rücken trennen. Den Rücken in 3–4 Stücke schneiden.

Den Estragon waschen, fein hacken und mit dem Senf verrühren. Die Butter in der Rostbratpfanne erhitzen, Fleischstücke mit Salz und Pfeffer würzen und mit der Hälfte der Senfmischung bestreichen. In die Pfanne legen und in den vorgeheizten Ofen schieben. Nach ca. 30 Min. Bratzeit Wildfond und Weißwein angießen.

Die Bohnen putzen und in Salzwasser mit dem Bohnenkraut ca. 3 Min. kochen, mit Salz, Pfeffer und etwas Zucker würzen. Jeweils 7–10 Bohnen mit Speck umwickeln und etwa 30 Min. vor Beendigung der Bratzeit in die Pfanne legen.

Fleisch und Bohnen aus der Pfanne nehmen und warm stellen. Den Bratensatz passieren und mit der restlichen Senfmischung und Crème fraîche verrühren. Abschmecken und mit dem Kaninchenfleisch servieren.

Kaninchen auf belgische Art

1 küchenfertiges Kaninchen, Öl zum Anbraten, 6 Schalotten, 50 g Butter, 3 EL Rotweinessig, 2 EL Honig, 1 Flasche belgisches Bier (z. B. Bruin, Tripel oder Geuze), 200 ml Wildfond, 1 Zweig Rosmarin, 1 Zweig Thymian, 8 Wacholderbeeren, 1 Lorbeerblatt, 10 violette und rote Pflaumen (frisch oder getrocknet), Salz, Pfeffer, Crème fraîche.

Das Kaninchen zerteilen und in einem tiefen Bräter im Öl gut anbraten, dann die Hitze reduzieren. In einer Pfanne die gewürfelten Schalotten in Butter goldbraun anbraten und mit dem Essig ablöschen. Die Schalottensoße zum Fleisch geben. Den Honig zugeben, alles gut verrühren und die Hitze weiter verringern.

Das Bier zugießen, aufschäumen und einkochen lassen. Wildfond, Rosmarin, Thymian, Wacholderbeeren, Lorbeerblatt und die Pflaumen (wenn getrocknet) zugeben. Frische Pflaumen erst gegen Ende der Garzeit zufügen. Das Kaninchen ca. 45 Min. schmoren lassen.

Mit Salz und Pfeffer abschmecken und etwas Crème fraîche unterrühren.

Kaninchenfilets in Zitronensoße

2 Kaninchenrücken, Salz, weißer Pfeffer, 1 Knoblauchzehe, 1 TL ger. Zitronenschale, 1 TL Majoran, ½ TL Paprikapulver, Butterschmalz, 4 cl Weinbrand, 2 EL Butter, 1 geh. Zwiebel, Saft einer Zitrone, 1 Glas Weißwein, 1 Becher Crème fraîche, 1 Bd. Zitronenmelisse, 1 Prise Zucker, etwas Sojasoße.

Die Filets auslösen, waschen und trocknen. Das Fleisch mit Salz und Pfeffer kräftig würzen.
Den Knoblauch zerdrücken, mit Zitronenschale, Majoran und Paprikapulver mischen. Das Fleisch mit der Mischung einreiben.

Das Butterschmalz erhitzen, die Filets kräftig anbraten, mit Weinbrand flambieren und warm stellen. Die Butter im verbliebenen Bratfett erhitzen, gehackte Zwiebel andünsten und mit Zitronensaft und Weißwein ablöschen. Crème fraîche unterziehen und alles etwas einkochen lassen.

Die Zitronenmelisse waschen, trocknen und klein schneiden. Dann unter die Soße ziehen und mit Zucker und Sojasoße abschmecken.

Die Kaninchenfilets mit der Soße servieren.

Kaninchenpfanne

1 Wildkaninchen, Senf nach Geschmack, Öl, 1 Zwiebel, geräucherter gew. Speck, 1 rote Paprika, 1 Lauchstange, 3 Tomaten ohne Haut, Salz, Pfeffer, Thymian, Crème fraîche.

Das Fleisch von den Knochen lösen, häuten, in mundgerechte Stücke schneiden und mit Senf vermischen. Das Öl erhitzen und die gewürfelte Zwiebel und den Speck andünsten. Das Fleisch zugeben und anbraten.

Die Paprika würfeln, den Lauch in Ringe und die gehäuteten Tomaten in Stücke schneiden. Alles zum Fleisch geben und mit Salz, Pfeffer und Thymian würzen. Das Fleisch weich schmoren und mit Crème fraîche abbinden.

Kaninchenschnitzel

4 Kaninchenkeulen, Senf, Salz, Pfeffer, Mehl, gehobelte Mandeln, Fett zum Anbraten.

Die Knochen aus den Keulen auslösen und das Fleisch gleichmäßig flach schneiden.
Dann das Fleisch mit Senf einstreichen und mit Salz und Pfeffer würzen.
Das gewürzte Fleisch in Mehl wenden und die gehobelten Mandeln einklopfen.

Das Fleisch in reichlich Fett goldbraun braten.

Mediterraner Rehtopf

Olivenöl, 1 Zwiebel, Tomatenmark, 750 g gew. Rehschulter, 1 Möhre, 1 kl. Staudensellerie, 2 Knoblauchzehen, 4 EL schwarze Olivenscheiben, 1 Zweig Rosmarin, 2 Lorbeerblätter, ½ l Rotwein, ½ l Wildfond, 2 Dosen passierte Tomaten, 1 marokkanische Salzzitrone, Salz, Pfeffer, Crème fraîche.

Das Olivenöl erhitzen, und die Zwiebel mit etwas Tomatenmark andünsten. Das Fleisch anrösten, Gemüse, Oliven, Kräuter, Rotwein, Wildfond, passierte Tomaten und gewürfelte Salzzitrone dazugeben. Den Topf verschließen und das Gericht weichschmoren lassen.

Mit Salz und Pfeffer abschmecken und etwas Crème fraîche unterziehen.

Niederrheinischer Jägerkohl

150 g durchwachsener Speck, 1 Zwiebel, 350 g Wildhackfleisch, Salz, Pfeffer, 750 g Weißkohl gehobelt, gem. Kümmel, ¼ l Brühe, 500 g Kartoffeln.

Den Speck würfeln und in einem Topf auslassen. Die gewürfelte Zwiebel glasig dünsten, das Hackfleisch zugeben und anbraten, salzen und pfeffern. Den Kohl zugeben, mit gemahlenem Kümmel bestreuen und die Brühe zugießen.
Alles auf milder Hitze garen. Die Kartoffeln waschen, schälen und in Scheiben schneiden. Die Kartoffelscheiben auf den Kohl geben und weitere 20 Min. garen.

Im Ofen gegarte Täubchen

4 küchenfertige Tauben, Estragon, Thymian, Majoran, Salz, Pfeffer, Paprikapulver, Zucker, 300 g gewürztes Mett, 300 g gew. Äpfel, 2 Schalotten, 2 Knoblauchzehen.

3–4 EL Gewürzmischung aus Estragon, Thymian, Majoran, Salz, Pfeffer, Paprikapulver und Zucker herstellen.

Die Tauben mit der Gewürzmischung innen und außen einreiben. Mett, Äpfel, gewürfelte Schalotten und den gehackten Knoblauch ebenfalls mit den Kräutern würzen.
Die Tauben mit der Mettmischung füllen und zunähen. Dann auf ein tiefes Backblech legen und in den Ofen geben.

Ein weiteres Blech oder einen Topf mit Wasser in den Ofen stellen. Bei 140 °C ca. 20 Min. dampfen lassen. Das Wasser herausnehmen und die Täubchen weitere 15 Min. bei 180 °C backen.

Pastete mit Wild-Schmand-Ragout

100 g Champignons, 100 g Möhren, 100 g Pastinaken, 400 g Wildschweinschulter oder -keule, 1 Lorbeerblatt, 5 Wacholderbeeren, 2 Nelken, 50 g Butter, 1 Zwiebel, 60 g Mehl, 4 EL Schmand, 100 ml Weißwein, 1 Zitrone, 4 Königinpasteten, Salz, Pfeffer, Petersilie.

Die geputzten Champignons, geschälten Möhren und Pastinaken in einem Topf mit 1,5 l Salzwasser blanchieren und anschließend das Gemüse herausnehmen. Danach das Fleisch mit den Gewürzen in Salzwasser garen. Das Fleisch kalt stellen.
Den Fond durch ein Sieb passieren und ebenfalls kalt stellen. Wenn alles ausgekühlt ist, das Gemüse und Fleisch in gleich feine Würfel schneiden. Für die Soße die Butter erhitzen, die Zwiebelwürfel darin hell andünsten und mit Mehl bestäuben. Sofort mit dem kalten Fond ablöschen, damit die Soße hell bleibt. Die Soße 20 Min. leicht köcheln lassen. Den Schmand unterrühren und mit Weißwein und Zitrone abschmecken. Nochmals durch ein Sieb in einen Topf passieren. Fleisch- und Gemüsewürfel zugeben und vorsichtig erwärmen. Die Pasteten im Ofen vorwärmen.

Die Pasteten auf Teller geben und mit dem Ragout füllen.

Mit Petersilie garnieren.

Pfälzer Rebhühner

4 küchenfertige Rebhühner, Salz, Pfeffer, 500 g blaue Weintrauben, 4 cl Weinbrand, 300 g fetter Speck, ½ l Rotwein, ¼ l saure Sahne, 1 EL Speisestärke.

Die Rebhühner waschen, trocken tupfen, salzen und pfeffern. Die Weintrauben waschen, halbieren und entkernen. Die Hälfte mit dem Weinbrand übergießen und 15 Min. ziehen lassen. Diese Trauben in die Rebhühner geben und diese zunähen. Den verbliebenen Weinbrand über die Rebhühner gießen. Zwei Drittel des Specks in dünne Scheiben schneiden, die Rebhühner damit belegen und mit Küchengarn festbinden. Den restlichen Speck würfeln und im Schmortopf auslassen. Die Rebhühner rundrum anbraten, 2 EL der restlichen Trauben zufügen und mit ¼ l Rotwein ablöschen. Bei 180 °C im Ofen auf mittlerer Schiene 1 Std. schmoren lassen und dabei alle 20 Min. etwas Rotwein zugießen. Die Speckscheiben lösen und ca. ⅛ l saure Sahne über die Rebhüner gießen. Die Rebhühner aus dem Topf nehmen und warm stellen.

Die Speckscheiben aus dem Topf nehmen, den Bratensatz mit dem restlichen Wein löschen. ⅛ l saure Sahne mit Speisestärke verquirlen, die Soße binden und durch ein Sieb streichen.

Abschmecken und zu den Rebhühnern dazugeben. Mit den restlichen Trauben als Deko servieren.

Rehfilets in Honigsoße mit Pfifferlingen

1 Rehrücken, 1 TL geschrotete Pfefferkörner, 1 TL Majoran gerebelt, 1 TL ger. Zitronenschale, 2 EL Butterschmalz, Salz, schwarzer Pfeffer, 4 cl Weinbrand, 1 Zwiebel, 250 g frische Pfifferlinge, 150 g Weintrauben, Rotwein, 375 ml Wildfond, 2–3 EL Honig, 2–3 EL Obstessig.

Die Filets auslösen, waschen und trocken tupfen. Die Gewürze vermengen und die Filets damit einreiben. Das Butterschmalz erhitzen und darin das Fleisch kräftig anbraten. Mit Salz und Pfeffer würzen. Die Filets mit dem Weinbrand flambieren und warm stellen.

Die Zwiebel hacken und im Bratfett anschwitzen. Die geputzten Pfifferlinge dazugeben und anschmoren. Die Weintrauben halbieren, entkernen und zu den Pilzen geben. Alles mit Rotwein ablöschen. Den Wildfond dazugeben und das Ganze mit Honig, Obstessig, Salz und Pfeffer abschmecken.

Die Rehfilets anrichten und mit Soße servieren.

Rehfrikadellen

1 kg Rehhackfleisch, 3 Zwiebeln, 2 Eier, 2 eingeweichte Brötchen, Paniermehl, 2 TL Senf, 1 TL Pesto, 2 TL Kräuter der Provence, 1 Knoblauchzehe, Salz, Pfeffer.

Hackfleisch, Zwiebeln, Eier, Brötchen, Paniermehl, Pesto, Kräuter und Gewürze gut miteinander vermischen. Die Knoblauchzehe zerkleinern und unter die Mischung geben. Aus der Mischung Frikadellen formen und die Frikadellen in der Pfanne oder auf dem Grill gut durchbraten.

Rehkeule mit Backpflaumensoße

1½ kg küchenfertiges Rehfleisch, 1 TL Wacholderbeeren, 1 TL Pfefferkörner, 1 TL Piment, 2 EL Butterschmalz, 1 Zwiebel, 2 Möhren, 2 EL Tomatenmark, 200 ml Rotwein, 400 ml Wildfond, 5 cl Portwein, 100 g Crème fraîche, 150 g Backpflaumen, 4 EL Weingelee, Salz, Pfeffer, evtl. Speisestärke.

Die Rehkeule salzen und pfeffern. Die Wacholderbeeren, Pfeffer- und Pimentkörner im Mörser fein zerreiben und 2 EL Weingelee einrühren. Die Rehkeule damit einreiben. Butterschmalz erhitzen und die Rehkeule darin rundherum anbraten. Die gewürfelten Zwiebeln und Möhren mit anbraten, das Tomatenmark kurz anrösten. Die Backpflaumen fein würfeln und dazugeben. Mit Rotwein ablöschen und den Wildfond dazugeben. Im Backofen bei 200 °C ca. 1½ Std. schmoren.

Die Rehkeule aus dem Fond nehmen und warm stellen. Den Bratenfond passieren und den Portwein unterrühren. Mit Salz, Pfeffer und dem restlichen Weingelee abschmecken und Crème fraîche unterrühren, die Soße evtl. mit Speisestärke binden.

Rehmedaillons mit Waldpilzkruste

150 g Butter, 1 Schalotte, 150 g gew. Steinpilze, 150 g gew. Pfifferlinge, 1 EL geh. Petersilie, Salz, Pfeffer, 12 Rehmedaillons, Öl, 3 Wacholderbeeren, 1 Zweig Thymian, 1 Zweig Rosmarin, 50 g Weißbrot, 50 ml Madeira, 50 ml Portwein, 50 ml kräftiger Rotwein, 200 ml Wildfond.

50 g Butter in einer Pfanne aufschäumen, die fein geschnittene Schalotte und die Pilzwürfel dazugeben und alles ca. 3 Min. dünsten. Die Petersilie unterrühren und mit Salz und Pfeffer abschmecken.

Die Rehmedaillons mit Salz und Pfeffer würzen und in einer Pfanne im Öl mit zerdrückten Wacholderbeeren, Thymian und Rosmarin von jeder Seite ca. 2 Min. anbraten.

Die Medaillons aus der Pfanne nehmen und etwas ruhen lassen. Mit Pilzwürfeln 0,5 cm dick belegen, zerkrümeltes Weißbrot darüberstreuen und Butterflöckchen darauf verteilen. Die Medaillons vor dem Servieren 10 Min. bei 200 °C im Ofen garen, evtl. den Grill einschalten.

Das Bratenfett aus der Pfanne gießen, den Bratensatz mit Madeira, Portwein und Rotwein auflösen und stark einreduzieren. Mit Wildfond aufkochen und einköcheln lassen. 50 g kalte Butter einrühren und die Soße durch ein Sieb passieren.

Die Rehmedaillons mit der Soße servieren.

Rehkeule mit Honig-Zimt-Soße

1 Rehkeule, 2 EL Öl, ½ l Rotwein, ¾ l Wildfond, Suppengemüse, 1–2 EL Honig, 1 TL Zimt, Wildgewürz, Salz, Pfeffer, 1 Becher Sahne.

Die Rehkeule in einem großen Bräter im Öl anbraten, mit Rotwein ablöschen und etwas einkochen lassen. Den Wildfond angießen und das geputzte Gemüse dazugeben. Mit Honig, Zimt, Wildgewürz, Salz und Pfeffer würzen und ca. 2 Std. garen.

Die Keule entnehmen und warm stellen. Den Bratensud pürieren und evtl. mit Fond auffüllen, mit Sahne verfeinern.

Rehrücken mit Pumpernickelkruste

750 g Rehrücken (ausgelöst und gehäutet), 1 EL Butterschmalz, 1 Zweig Rosmarin, 1 Zweig Thymian, 80 g Pumpernickel, 3 Wacholderbeeren, 1 geh. Knoblauchzehe, 80 g Butter, Salz, Pfeffer.

Den Backofen auf 120 °C vorheizen. Den Rehrücken im Butterschmalz mit den Kräutern und dem Knoblauch anbraten. Auf eine ofenfeste Unterlage legen und abgedeckt ca. 10 Min. garen. Den Pumpernickel und die Wacholderbeeren zermahlen. Die Butter schaumig rühren und den Pumpernickel zugeben, mit Salz und Pfeffer würzen.

Die Masse zwischen Folie 3 mm dick ausrollen und im Kühlschrank kalt stellen. Die kalte Pumpernickelmasse passend zum Rehrücken zuschneiden, die Folie entfernen und auf das Fleisch legen.

Im Ofen bei Grillfunktion 5–8 Min. gratinieren.

Rehsteaks mit Steinpilzkruste

Fleisch: 4 Rehsteaks, Salz, Pfeffer, Butterschmalz, 100 g Steinpilze, 125 g Semmelbrösel, 1 Ei, 1 EL TK-Kräuter, 2 TL Butter (weich), 2 EL Rotwein.

Soße: 1 Zwiebel, 8 Wacholderbeeren, 8 Pfefferkörner, 3 EL Rotwein, 1 cl Cognac, Wildfond, 100 g Butter (eiskalt), Salz, Pfeffer.

Die Rehsteaks leicht plattieren und mit Salz und Pfeffer würzen. Im Butterschmalz anbraten und in eine Ofenform geben. Die Steinpilze hacken und mit Semmelbröseln, Ei, Kräutern, Butter und Rotwein vermischen. Die Kruste auf den Steaks verteilen. Bei 200 °C ca. 8 Min. garen. Zum Schluss durch Oberhitze anbräunen.

Die Zwiebel, Wacholderbeeren und Pfefferkörner im Bratensud der Pfanne anbraten. Rotwein, Cognac und Wildfond dazugeben. Alles einreduzieren und durch ein Sieb passieren. Mit eiskalter Butter binden. Mit Salz und Pfeffer abschmecken

Schwarzwurzelauflauf mit Wildschinken

1 kg Schwarzwurzeln, Salz, ½ Zitrone (Saft), Butter, ½ Bd. glatte Petersilie, ½ Bd. Schnittlauch, 2 Knoblauchzehen, 100 g alter Gouda, 300 g Frischkäse, 100 g Sahne, 1 EL Senf, Pfeffer, 200 g Wildschinken (große Scheiben).

Die Schwarzwurzeln abbürsten, schälen und halbieren. Sofort in Salzwasser und Zitronensaft 10 Min. garen. Abtropfen und auskühlen lassen.

Eine Auflaufform buttern, den Backofen auf 200 °C vorheizen. Die Kräuter waschen, trocken schütteln und hacken. Den Knoblauch schälen und fein hacken. Den Gouda reiben und den Frischkäse mit Sahne glattrühren. Kräuter, Senf, Knoblauch und die Hälfte des Käses zufügen und gut verrühren. Mit Salz und Pfeffer würzen.

Die Schwarzwurzeln portionsweise mit Wildschinken umwickeln und in die Auflaufform legen. Den Guss darüber verteilen und mit dem restlichen Käse bestreuen. Im vorgeheizten Ofen 30–40 Min. bei 200 °C backen.

Szegediner Gulasch vom Wildschwein

1 große Kartoffel, 3 Zwiebeln, 2 Knoblauchzehen, 5 Wacholderbeeren, 10 schwarze Pfefferkörner, 2 Lorbeerblätter, 3 Nelken, 2 Zweige Thymian, 600 g Wildschweingulasch, Salz, Pfeffer, 3 EL Butterschmalz, 2 EL Tomatenmark, 1 EL edelsüßes Paprikapulver, 1 TL rosenscharfes Paprikapulver, 1 TL gem. Kümmel, ¼ l Rotwein, 500 g rohes Sauerkraut, 400 ml Wildfond, 3–4 EL Crème fraîche.

Die Kartoffel, Zwiebeln und den Knoblauch schälen. Kartoffel und Zwiebeln grob, Knoblauch fein hacken. Wacholderbeeren und Pfefferkörner zerdrücken und zusammen mit den Lorbeerblättern und den Nelken in einen Stoffbeutel oder eine Gewürzkugel geben. Den Thymian waschen und die Blätter abzupfen.

Das Fleisch gut mit Salz und Pfeffer würzen und im heißen Butterschmalz kräftig anbraten, die Hitze etwas reduzieren und Zwiebeln und Knoblauch andünsten. Das Tomatenmark kurz mitrösten. Süßes und scharfes Paprikapulver und Kümmel unterrühren. Mit dem Rotwein ablöschen. Zerzupftes Sauerkraut, Kartoffelwürfel, Thymian und das Gewürzsäckchen zugeben.

Den Wildfond angießen und alles umrühren. Zugedeckt bei mittlerer Hitze 1½–2 Std. schmoren. Das Gericht mehrfach gut durchrühren.

Nach der Garzeit das Gewürzsäckchen entfernen und das Gulasch mit Salz und Pfeffer abschmecken.

Kurz vor dem Servieren Crème fraîche unterrühren.

Shepherd's Pie

750 g mehlig kochende Kartoffeln, 100 ml Milch, 50 g Butter oder etwas mehr, 50 g mittelalter Cheddar, 1 große gew. Zwiebel, 200 g gew. Möhren, Olivenöl, 500 g Wildhackfleisch, 1 EL Tomatenmark, 1 EL Mehl, 200 ml Wildfond, 1 Zweig Rosmarin, ½ TL Thymian, 1 TL Worcestersoße, Salz, schwarzer Pfeffer, Butter.

Aus Kartoffeln, Milch und Butter Kartoffelpüree herstellen und den geriebenen Käse unterheben. Die Zwiebel- und Möhrenwürfel im Olivenöl anschwitzen, Wildgehacktes zugeben und ca. 7 Min. braten. Das Tomatenmark kurz mitrösten und das Fleisch mit Mehl bestäuben. Wildfond, Rosmarin, Thymian und Worcestersoße zugeben und alles mit Salz und Pfeffer abschmecken.
Etwa 15 Min. kochen lassen, bis die Flüssigkeit verdampft ist.
Noch mal abschmecken.
Das Fleischgemisch in eine Auflaufform geben und mit dem Kartoffelpüree bedecken. Ein paar Butterflöckchen auf das Püree geben.

Die Pie bei 200 °C ca. 35–40 Min. backen, bis das Kartoffelpüree goldbraun ist.

Info: In England reicht man Jägern und Treibern die traditionelle Shepherd's Pie. Statt des ursprünglichen Lammhacks wird in diesem Rezept Wildhack verwendet.

Tagliatelle mit Wildsugo

200 g Zwiebeln, 200 g Möhren, 200 g Staudensellerie, 2 Knoblauchzehen, 400 g sehr klein gew. Wildfleisch oder Wildhack, 2 EL Olivenöl, Salz, Pfeffer, 2 TL Tomatenmark, 200 ml Rotwein, ½ l Wildfond, 800 g stückige Tomaten, 1 Zweig Rosmarin, 3 Lorbeerblätter, 5 Wacholderbeeren, 2 TL Zucker, 50 g Pinienkerne, 2 EL Balsamicoessig, 400 g Tagliatelle (frisch).

Das Gemüse putzen und würfeln. Das Fleisch im Öl anbraten und das Gemüse mit andünsten. Salzen und pfeffern und zusammen mit Tomatenmark und Rotwein einkochen lassen. Mit Wildfond auffüllen und Tomaten, Rosmarin, Lorbeerblätter, Wacholderbeeren und Zucker zugeben.

Alles ca. 1½ Std. köcheln lassen. In den letzten 10 Min. erst die gerösteten Pinienkerne und anschließend den Balsamicoessig zur Soße geben.

Die Nudeln kochen und mit dem Wildsugo servieren.

Wildbratwurst mit warmem Kräuter-Kartoffel-Salat

1 TL Senf, 100 ml Öl, 100 ml Weißweinessig, 200 ml warme Brühe, Salz, Pfeffer, Zucker, 150 g Kräuter (Kräuter für grüne Soße), 800 g gekochte Kartoffeln, 150 g fein geh. Zwiebel, 8 Wildbratwürste.

Senf mit Öl, Essig, Brühe, Salz, Pfeffer, etwas Zucker und gehackten Kräutern verrühren. Die gekochten, noch warmen Kartoffeln in Scheiben schneiden und zusammen mit den fein gehackten Zwiebeln mit der Marinade vermengen.

Die Wildbratwürstchen kross braten und mit dem Salat servieren.

Tipp: Kräuter für grüne Soße können z. B. Dill, Estragon, Liebstöckel, Schnittlauch, Petersilie, Sauerampfer, jeweils zu gleichen Teilen vermischt, sein.

Wildentenbrust mit Honig-Ingwer-Marinade

1 Entenbrust pro Person, 1½ EL Paprikapulver edelsüß, 1 EL Garam Masala, 1 TL getrocknete Orangenschale, 1½ TL Salz, 1 TL Ingwer, 1 TL Zimt, 2 EL Honig, 2 EL Sojasoße.

Die Entenbrüste säubern und trocken tupfen. Die Fettschicht vorsichtig bis aufs Fleisch einschneiden. Alle Gewürze mit dem Honig und der Sojasoße zu einer Marinade mischen und die Entenbrüste rundum damit einreiben.

Die Entenbrüste mit der Fettseite auf dem Grill bei 200 °C braten, bis das Fett ausgebraten ist (Grillschale). Dann die Entenbrüste umdrehen und ca. 6–8 Min. fertig garen.

In der ganzen Zeit das Fleisch laufend mit der Marinade bepinseln.

Wildentenbrust mit Kräuterfüllung

4 Wildentenbrüste, 2 Zweige Thymian, 2 Zweige Petersilie, Kerbel, 4 Blätter Minze, Butterflöckchen, Salz, Pfeffer, Öl.

Die Wildentenbrüste so in Form schneiden, dass sie gleichmäßig groß sind. Die Haut an einer Seite vorsichtig mit den Fingern lösen. Die gewaschenen, gezupften und mit Butter vermischten Kräuter unter die Haut geben.

Die Wildentenbrüste salzen, pfeffern und in Öl anbraten. Im Backofen ca. 10 Min. bei 180 °C fertig garen.

Gebratene Wildentenbrust mit Orangensoße

3–4 Wildentenbrüste, 1 EL Öl, 1 EL Balsamicoessig, 1 EL Honig, Saft von 2 Orangen, 100 ml Geflügelfond, 2 EL Johannisbeergelee, Salz, Pfeffer, Butter.

Den Backofen auf 160 °C vorheizen. Die Haut der Entenbrüste rautenförmig einritzen und salzen. Im heißen Öl zuerst auf der Hautseite kräftig anbraten, damit das Fett ausbrät, danach auf der Fleischseite. Essig mit Honig verrühren und die Hautseite dünn damit bestreichen. Die Wildentenbrüste in eine feuerfeste Form geben und bei 160 °C ca. 20 Min. rosa garen. Dabei das Fleisch ab und zu mit der restlichen Essig-Honig-Mischung bestreichen. Das Fleisch ist gut, wenn es eine Kerntemperatur von 65 °C hat.

Den Bratenfond mit dem Orangensaft ablöschen und einköcheln lassen. Den Geflügelfond zugeben und das Gelee unter Rühren auflösen. Mit Salz und Pfeffer abschmecken und kalte Butter einschmelzen lassen.

Die Wildentenbrüste schräg aufschneiden und mit der Soße servieren.

Wildentenbrust mit Orangenzabaione

Fleisch: 4 Wildentenbrüste, Salz, Pfeffer, 60 g Butter.

Zabaione: 300 ml Orangensaft, 100 ml Gran Marnier, 3 Eigelb (zimmerwarm), 100 g zerlassene Butter, Salz, Pfeffer, Orangenscheiben zum Garnieren.

Die Entenbrüste in der Butter ca. 6 Min. anbraten, bis sie innen rosa sind. Salzen, pfeffern und in Alufolie gewickelt ruhen lassen.

Den Orangensaft und Grand Marnier auf ca. ¾ einkochen lassen. Die Reduktion im Wasserbad warm halten. Die Eigelbe vorsichtig zugeben und zu einer luftigen Masse aufschlagen (das Eigelb darf nicht stocken). Die geschmolzene Butter zufügen und weiterschlagen.

Mit Salz und Pfeffer abschmecken.

Die Entenbrüste schräg aufschneiden, mit den Orangenscheiben auf einer Platte anrichten und mit der Zabaione umgeben.

Wildgulasch für Gäste

4 Zwiebeln, 3 Möhren, ½ Knolle Sellerie, Butterschmalz zum Anbraten, 1½–2 kg Wildgulasch (Reh und Wildschwein), 2 EL Tomatenmark, Salz, Pfeffer, 3 Lorbeerblätter, 2 Zweige Thymian, 6 Wacholderbeeren zerdrückt, 1 l Rotwein, 1 l Wildfond.

Thüringisches Soßenbrot zum Binden oder etwas Lebkuchengewürz und Speisestärke in Wasser aufgelöst, Lebkuchengewürz, Crème fraîche.

Zwiebeln, Möhren und Sellerie putzen und würfeln. Das Butterschmalz erhitzen und darin das Wildgulasch kräftig anbraten. Das gewürfelte Gemüse mit andünsten. Das Tomatenmark kurz anschwitzen. Das Fleisch salzen und pfeffern und die Lorbeerblätter und abgezupften Thymianblätter und Wacholderbeeren dazugeben. Mit Rotwein und Wildfond aufgießen und langsam schmoren lassen.

Wenn das Fleisch weich ist, Soßenbrot gebröselt (sofern vorhanden) in das Gulasch geben und auflösen lassen. Alternativ das Gulasch mit etwas Lebkuchengewürz abschmecken und mit aufgelöster Speisestärke binden. In jedem Fall Crème fraîche unterrühren.

Wildgulasch mit Pilzen

1 kg Wildfleisch (Reh, Hirsch, Wildschwein), 10 g getrocknete Steinpilze, 3 EL Olivenöl, 100 g durchwachsener Speck, 2 Zwiebeln, 1 Knoblauchzehe, 1 Lorbeerblatt, ½ TL Thymian gerebelt, Salz, Pfeffer, ½ l Wildfond, ½ l dunkles Bier, 500 g kl. Champignons, 500 g gew. Tomaten, Crème fraîche, 1 Bd. Petersilie.

Das Wildfleisch abspülen, trocken tupfen und in Würfel schneiden. Die Steinpilze wässern. Das Öl erhitzen, den gewürfelten Speck und die Fleischwürfel braun anbraten. Die gew. Zwiebeln und Knoblauch dazugeben. Dann das Lorbeerblatt, Thymian, Salz und Pfeffer zufügen und mit Wildfond und Bier aufgießen. Anschließend die eingeweichten Steinpilze zugeben und alles weich schmoren.

Die Champignons putzen, halbieren, anbraten und zum Gulasch geben. Die gehäuteten Tomaten klein schneiden und zufügen. Das Gulasch abschmecken und mit Crème fraîche binden.

Mit gehackter Petersilie bestreuen.

Wild-Kartoffel-Gulasch in Biersoße

1 kg gew. Zwiebeln, Öl, 1 kg Wildschweingulasch, 1 EL Tomatenmark, 1 EL Paprikapulver edelsüß, ¼ l dunkles Bier, ¾ l Wildfond (s. Rezept auf S. 146), Salz, Pfeffer, 1 TL Majoran, 1 TL Kümmelsamen, 1 Zitrone (ger. Schale), 700 g grob gew. festkochende Kartoffeln.

Die gewürfelten Zwiebeln in etwas Öl andünsten, das Fleisch zugeben und ca. 10 Min. anbraten, bis die Flüssigkeit eingekocht ist. Das Tomatenmark mit anschwitzen und das Paprikapulver über das Fleisch streuen.

Das Fleisch mit dem Bier ablöschen und mit dem Wildfond aufgießen.
Die Hitze reduzieren und das Gulasch ca. 1¼ Std. leise köcheln lassen. Mit Salz, Pfeffer, Majoran, Kümmel und Zitronenschale würzen.

Die Kartoffelwürfel zum Fleisch geben und weitere 20 Min. fertig garen.

Wildpastete

1 kg Wildgulasch, 2 EL Olivenöl, 2 EL Weinbrand, Salz, Pfeffer, 375 g fetter Speck, 250 g Champignons in Scheiben, 25 g Pistazienkerne, 4 EL Rotwein, 2 EL Sherry, 200 ml Sahne, 2–3 Lorbeerblätter, Thymian, Majoran, Rosmarin, 250 g Geflügelleber, 1 EL Butter.

Das Wildgulasch waschen und trocknen, dann in Olivenöl kräftig anbraten und mit Weinbrand flambieren. Anschließend das Fleisch salzen, pfeffern, abkühlen lassen und durch den Fleischwolf drehen oder mit einer Küchenmaschine zerkleinern.
Den Speck ebenfalls durchdrehen (zweimal, damit er sehr fein ist). Den Speck geschmeidig rühren und das Wildfleisch nach und nach zugeben. Die Pilzscheiben andünsten und ⅔ der Pistazien hacken. Champignons, Pistazien, Rotwein, Sherry und Sahne zur Fleischmasse geben. Alles mit den Kräutern, Salz und Pfeffer kräftig abschmecken. Die Geflügelleber säubern und in der erhitzten Butter anbraten, mit Salz und Pfeffer würzen und etwas abkühlen lassen.
Die Hälfte der Wildmasse in eine Pastetenform (1,5 l) geben. Die Leber darauflegen und mit der restlichen Wildmasse bedecken, alles leicht andrücken und mit den übrigen Championscheiben, Pistazien und Lorbeerblättern garnieren. Die Pastetenform mit dem Deckel verschließen, in eine Fettpfanne stellen und 1 l warmes Wasser in die Pfanne gießen. Bei 200–225 °C ca. 2 Std. im Ofen garen. Nach der Hälfte der Garzeit noch einmal 0,5–1 l Wasser nachgießen.

Wildentensugo auf Pasta

4 Schalotten, 2 Knoblauchzehen, 300 g Möhren, 300 g Staudensellerie, 800 g Wildentenbrust, 30 g Schinkenwürfel, 2 Zweige Rosmarin, 1 Bd. Thymian, ½ l Geflügelfond, Salz, Pfeffer, 2 EL Crema di Balsamico, 1 TL Orangensenf, 50 g Parmesan.

Die Schalotten und den Knoblauch schälen und fein würfeln. Möhren und Staudensellerie putzen und würfeln. Die Entenbrust häuten und die Haut in ½ cm dicke Streifen schneiden. Das Entenfleisch würfeln. Die Entenhaut knusprig ausbraten und auf Küchenpapier abtropfen lassen. Entenfleisch und Schinken in 3 EL des Bratfetts anbraten. Schalotten, Möhren, Sellerie und Kräuter zugeben und weitere 3 Min. anbraten.

Den Geflügelfond angießen, salzen, pfeffern und aufkochen. Ca. 30 Min. köcheln lassen. Die Entenhaut im Backofen erwärmen und zum Sugo geben. Sugo mit Crema di Balsamico, Orangensenf, Salz und Pfeffer würzen, evtl. binden. Die Pasta (möglichst frische) nach Anweisung kochen.

Die Pasta mit Sugo anrichten und mit Parmesan bestreuen.

Wildschweinfilet im Blätterteig

200 g Blattspinat, 300 g Champignons, 1 Zwiebel, 1 Knoblauchzehe, Salz, Pfeffer, Muskatnuss, 3 EL Sherry, 3 EL Sahne, Petersilie, 4 EL Semmelbrösel, 2 Eigelb, 600 g Wildschweinfilet, 1–2 Pakete Blätterteig, Eiweiß, Dosenmilch.

Den Spinat auftauen, die Champignons putzen und klein schneiden. Die Zwiebel und den Knoblauch hacken und mit den Champignons anbraten, den Spinat dazugeben und die Flüssigkeit verdampfen lassen.
Mit Salz, Pfeffer und Muskatnuss würzen, Sherry und Sahne zugießen und die gehackte Petersilie darüberstreuen. Die Spinatmasse vom Herd nehmen und mit Semmelbröseln und dem Eigelb vermischen.

Die Wildschweinfilets kross anbraten und mit Salz und Pfeffer würzen. Die aufgetauten Blätterteigplatten mit Eiweiß auf eine Größe von ca. 40 x 50 cm zusammenfügen. ⅔ der Spinatmasse auf den Blätterteigplatten verteilen, die Filets darauflegen und dann den restlichen Spinat darübergeben.

Alles in den Teig einschlagen und mit der Dosenmilch bestreichen, evtl. mit den Teigresten verzieren.

Auf ein kaltes, mit Backpapier belegtes Backblech setzen und ca. 40 Min. bei 200 °C im Ofen backen.

Wildschweingulasch mit Maronen

2 Knoblauchzehen, 3 Schalotten, 2 EL Öl, 1 kg Wildschweingulasch, Salz, Pfeffer, Thymian, 700 ml Wildfond, 200 ml Rotwein, 2 säuerliche Äpfel, 250 g gegarte Maronen.

Den Knoblauch und die Schalotten schälen und würfeln. Das Öl erhitzen und das Gulasch portionsweise anbraten. Das Fleisch herausnehmen und den Knoblauch und die Schalotten im Bratfett anschwitzen. Das Fleisch zugeben, alles salzen, pfeffern und den Thymian darüberstreuen. Den Wildfond und Rotwein angießen und alles ca. 60 Min. schmoren lassen.

Die Äpfel waschen, entkernen und in Spalten schneiden. Die Äpfel und gegarten Maronen nach 50 Min. Garzeit zum Fleisch geben und die restliche Zeit mitgaren. Das Gulasch evtl. mit Schmand und Speisestärke binden.

Gegrillter Wildschweinhals

*1½ kg Wildschweinhals, 2 EL Olivenöl, 2 EL Curry,
1 EL ger. Ingwer, 1 TL Lorbeer (gemahlen),
1 TL Knoblauch (gepresst), 1 TL Salz, Pfeffer.*

Den Wildschweinhals mit Küchengarn sorgfältig zu einem Rollbraten binden. Das Olivenöl mit Curry, Ingwer, Knoblauch, Lorbeer und Salz vermischen und die Gewürzmischung in das Fleisch einmassieren. Dann das Fleisch pfeffern.

Den Wildschweinbraten bei indirekter Hitze 1½ Std. bei ca. 150 °C grillen, er sollte eine Kerntemperatur von 75–78 °C haben.

Kamm vom Wildschwein in Altbiersoße

1 Wildschweinkamm, Senf, Salz, Pfeffer, Öl, Suppengrün, 1 Fl. Altbier, ½ l Wildfond, 2 Lorbeerblätter, 3 Pimentkörner, 2 Nelken, Gewürzspekulatius, Rübenkraut.

Den Wildschweinkamm mit Senf einreiben und mit Salz und Pfeffer würzen. Das Öl in einem Bräter erhitzen und das Fleisch darin scharf anbraten. Das geputzte Suppengrün dazugeben und anrösten, mit Altbier und Wildfond ablöschen. Lorbeerblätter, Piment und Nelken zufügen und noch einmal mit Salz und Pfeffer würzen.

Wenn das Fleisch gar ist, heraunehmen und warm stellen. Die Soße reduzieren und mit geriebenem Spekulatius binden, vorsichtig mit Rübenkraut abschmecken.

Wildschweinkeule mit Beerensoße

2 Möhren, ½ Knolle Sellerie, 1 Zwiebel, 1 kg Wildschweinkeule (ausgelöst), Salz, Pfeffer, 1 Lorbeerblatt, 1 EL Wacholderbeeren, 8 Pfefferkörner, 2 Gewürznelken, ½ l Rotwein, ½ l Wildfond, 75 g Schwarzbrot, 30 g Butter, 2 EL Zucker, 2 EL dunkler Balsamicoessig, 150–200 g Beeren (Brombeere, Cranberrys u. ä.).

Das Gemüse putzen und grob würfeln. Das Fleisch mit Salz und etwas Pfeffer einreiben, in einen Topf geben, kurz andünsten und das Lorbeerblatt, zerdrückte Wacholderbeeren, Pfefferkörner und Gewürznelken zugeben. Das Fleisch auf das Gemüsebett geben und mit Rotwein und Wildfond übergießen (es sollte etwa zur Hälfte in Flüssigkeit liegen). Zugedeckt bei schwacher Hitze garen, dabei wenden. Das gegarte Fleisch aus der Brühe nehmen, wenn nötig die feste Schwarte abziehen. Das etwas abgekühlte Fleisch in Scheiben schneiden, auf eine vorgewärmte, ofenfeste Platte legen und fest wieder zusammenschieben. Das Schwarzbrot reiben und mit der in einer Pfanne geschmolzenen Butter vermengen.

Das Fleisch in dieser Masse gleichmäßig wälzen. Im Ofen auf der Platte zu einer Kruste backen. Die Soße in einen Topf passieren. Zucker in einer Pfanne karamellisieren, mit dem Balsamicoessig aufkochen und die Beeren zugeben. Die Beerenmischung zur Soße geben und das überbackene Fleisch mit der Beerensoße anrichten.

Wildschweinkoteletts

8 Wildschweinkoteletts, Salz, Pfeffer, 100 g Butter, 1 Zweig Thymian, 1 Zweig Rosmarin, 2 Salbeiblätter, 100 g gew. durchwachsener Speck, 1 Zwiebel, 250 g Pilz- oder Apfelscheiben, 1 Knoblauchzehe.

Die Koteletts salzen, pfeffern und in Butter mit Thymian, Rosmarin und Salbei anbraten. Den Speck auslassen und beiseitestellen. Die Zwiebeln würfeln und den Knoblauch in hauchdünne Scheiben schneiden. Die Pilz- oder Apfelscheiben anbraten und dann die Zwiebeln und den Knoblauch dazugeben. Den Speck ebenfalls zufügen.

Alles mit Salz und Pfeffer abschmecken.
Die Koteletts mit den Pilzen servieren.

Statt Pilzen oder Äpfeln können auch Aprikosen oder Pflaumen in Butter gedünstet werden

Wildschweinkotelett mit Kräuterkruste

500 g Wildschweinkotelett, 125 g schaumig geschlagene Butter, 150 g geh. Kräuter (Frankfurter Kräuter), 500 g Toastkrumen ohne Kruste, Salz, Pfeffer, Muskatnuss, Cayennepfeffer, Zitronenabrieb, 2 Eigelb.

Das Wildschweinkotelett vorbereiten. Für die Kruste die Butter schaumig schlagen und die fein geschnittenen Frankfurter Kräuter und die Toastkrumen unterheben. Mit Salz, Pfeffer, Muskatnuss, Cayennepfeffer und Zitronenabrieb würzen und 2 Eigelb unterheben. Die Masse zwischen zwei Backpapieren dünn ausrollen und kalt stellen.

Nach einer Ruhezeit die Wildschweinkoteletts von beiden Seiten scharf anbraten und bei 140 °C im Ofen zum gewünschten Punkt garen.
Mit Salz und Pfeffer würzen. Die Masse aus dem Kühlschrank nehmen und mit der Küchenschere in passende Form schneiden, das Backpapier entfernen und auf die Koteletts geben.

Im Ofen gold-gelb gratinieren.

Wildschweinrückenröllchen mit Spinatfüllung

400 g Blattspinat, 1 Zwiebel, 1 Knoblauchzehe, Butter, Salz, Pfeffer, ger. Muskatnuss, 4 Scheiben Wildschweinrücken (ca. 500 g), 100 g Bergkäse, 50 g Feta, 1 Ei, 2–3 EL Paniermehl, Öl, 100 ml Wildfond, 200 ml Sahne.

Den frischen Spinat putzen, waschen und in etwas heißem Salzwasser zusammenfallen lassen, mit kaltem Wasser abschrecken und gut ausdrücken. Alternativ aufgetauten Tiefkühlspinat gut ausdrücken. Die Zwiebel und den Knoblauch schälen, fein würfeln und in Butter glasig dünsten. Anschließend den Spinat zugeben. Mit Salz, Pfeffer und frisch geriebener Muskatnuss würzen.

Die Wildschweinrückenscheiben sehr dünn klopfen und mit Salz und Pfeffer würzen. Den Bergkäse reiben und den Feta zerbröseln. Den abgekühlen Spinat mit Ei, Käse und Paniermehl vermengen und die Masse gleichmäßig auf die Fleischscheiben verteilen. Die Fleischscheiben zu Rouladen wickeln und gut mit Spießen fixieren. Den Backofen auf 160 °C vorheizen. Die Rouladen in Öl in einer Pfanne ca. 7 Min. rundherum anbraten, herausnehmen und in eine Auflaufform setzen. Den Bratensatz mit dem Wildfond loskochen und die Sahne dazugießen. Sollte noch Spinatmasse übrig sein, diese auch in die Form geben.

Die Soße über das Fleisch geben und im Backofen bei 160 °C ca. 40 Min. garen.

Wildschweinrouladen

4 Wildschweinschnitzel (dünn), 2 EL Senf, 1 EL Thymian, 1 EL Majoran, Salz, Pfeffer, 4 Scheiben geräucherter Speck, 2 große Zwiebeln, 2 Essiggurken, 1 Apfel, Mehl, Butterschmalz, 2 Möhren, ½ Sellerie, 1 Glas Rotwein, ½ l Wildfond, Preiselbeeren, Obstessig, 1 Becher Crème fraîche.

Die Schnitzel waschen, trocknen und dünn klopfen. Den Senf mit Thymian und Majoran vermischen und die Schnitzel damit bestreichen, salzen und pfeffern. Den Speck auflegen.
Eine Zwiebel, die Essiggurken und den Apfel fein würfeln, vermischen und auf die Rouladen verteilen. Diese aufrollen, mit Küchengarn binden und leicht mehlieren. Butterschmalz erhitzen und die Rouladen anbraten. Möhren, Sellerie und die zweite Zwiebel in Würfel schneiden und kurz mitbraten. Mit Rotwein ablöschen und mit Wildfond auffüllen. Die Soße mit Preiselbeeren, reichlich Pfeffer und Obstessig würzen.
Das Gericht bei 200 °C ca. 1 Std. im Ofen schmoren lassen.

Die Rouladen herausnehmen und warm stellen.
Die Soße pürieren, abschmecken und mit Crème fraîche binden.

Saltimbocca vom Wildschwein mit Gorgonzolasoße

4 Wildschweinsteaks (aus Rücken oder Keule), Salz, Pfeffer, 4 große Scheiben Schinken (luftgetrocknet), 8 Salbeiblätter, Butterschmalz, 200 ml Marsala, 400 ml Wildfond, 1 Becher Sahne, 2 EL Gorgonzola (mild).

Die Steaks mit dem Plattierer auf ca. 3 mm flach klopfen, salzen, pfeffern und in eine Schinkenscheibe einschlagen. Dabei von jeder Seite ein Salbeiblatt einlegen und mit einem Zahnstocher fixieren.

Das Butterschmalz in einer Pfanne erhitzen und das Fleisch rundrum anbraten. 15 Min. im vorgeheizten Ofen bei 120 °C in einer feuerfesten Form garen.

Den Bratensatz in der Pfanne mit dem Marsala ablöschen. Den Wildfond zugeben und auf die Hälfte reduzieren, Sahne und Gorgonzola einrühren und aufkochen, evtl. binden.

Wildschweinspieße

500 g Wildschweinfleisch, 1 Knoblauchzehe, Saft einer Zitrone, 1 EL Sojasoße, 1 Zweig Thymian, Speckstücke, 1 rote oder gelbe Paprika, Öl.

Das Fleisch würfeln. Den Knoblauch fein hacken und mit dem Zitronensaft, Sojasoße und Thymianblättchen zu einer Marinade verrühren.
Das Fleisch darin 1 Std. einlegen.

Die Fleischwürfel im Wechsel mit Speck und Paprikastücken aufspießen. Die Spieße mit etwas Öl beträufeln und auf einem nicht zu heißen Holzkohlegrill grillen.

Wirsing-Brot-Wildhack-Lasagne

4–8 Scheiben Pumpernickel oder Mischbrot je nach Größe, 1 Knoblauchzehe, 3 EL weiche Butter, ½ Kopf Wirsing, 2 Zwiebeln, 400 g Wildhack, 80–100 g Gouda, Salz, Pfeffer, 2 Eier, 250 g Crème fraîche.

Die Brotscheiben anbraten und abkühlen lassen. Den Knoblauch schälen, pressen und mit Butter vermischen. Die Brotscheiben mit der Knoblauchbutter bestreichen.
Den Wirsing putzen, waschen und den Strunk rausschneiden.
Die Blätter einzeln lösen und ca. 3 Min. blanchieren.
Kalt abschrecken und abtropfen lassen. Die Zwiebeln würfeln und in einer Pfanne mit dem Wildhack scharf anbraten.
Den Käse reiben, den Boden einer Auflaufform mit dem Brot (beschichtete Seite nach unten) auslegen. ⅓ der Hack-Zwiebel-Masse und des Käses darauf verteilen, mit Salz und Pfeffer würzen. Die Hälfte des Wirsings daraufgeben. Das restliche Brot darüber verteilen und die zweite Hack-Zwiebel-Mischung und den Käse darüberstreuen. Mit dem restlichen Wirsing bedecken, salzen und pfeffern und die restliche Hack-Zwiebel-Mischung und den Käse zugießen. Eier und Crème fraîche verrühren und zugeben.

Ca. 45 Min. bei 200 °C im Ofen überbacken.

Fasan mit Früchten

750 g blaue und weiße Trauben, 1 Fasan (küchenfertig, ca. 750 g), 50 g Butter, Saft von zwei Orangen, 175 ml Weißwein (trocken), 50 ml Weinbrand, Salz, Pfeffer, 20 Walnüsse (grob gehackt), ½–1 Orange, ger. Orangenschale (unbehandelt), 1 EL Mehl.

Den Saft von 500 g Trauben auspressen. Den Fasan mit Küchengarn binden. Die Hälfte der Butter in einem großen Topf zerlassen und den Fasan rundum anbraten. Mit Traubensaft, Orangensaft, Wein und Weinbrand ablöschen. Mit Salz und Pfeffer würzen und bei kleiner Hitze zugedeckt 30 Minuten schmoren lassen.

Die restliche Trauben 1 Minute in kochendem Wasser blanchieren und mit kaltem Wasser abschrecken. Die Trauben häuten und mit den gehackten Walnüssen zum Fasan geben.
Alles weitere 10 Minuten schmoren.

Den Fasan auf einen Teller geben, das Küchengarn entfernen und die filetierten Orangenspalten zum Garnieren bereithalten. Den Fasan warm halten. Die restliche Butter in den Bratensaft geben, Mehl einrühren und geriebene Orangenschale zugeben.
Die Soße in eine Sauciere geben, den Fasan mit den Orangenfilets umlegen und mit der Soße servieren.

Frischlingskoteletts mit Whiskeysoße

4–8 Frischlingskoteletts, Rosmarinzweige, Thymianzweige, 2 EL Zitronensaft, 3–4 EL Whiskey, 4 EL Öl, 50 g Crème fraîche, 50 g saure Sahne, 1 Prise Zucker, Salz, Pfeffer, Zitronenpfeffer, Zitronensaft.

Die Koteletts auf ein Bett von Rosmarin und Thymian legen. Zitronensaft, 2 EL Whiskey und Öl vermischen und über das Fleisch geben. 24 Stunden im Kühlschrank marinieren.

Für die Whiskeysoße Crème fraîche, saure Sahne, 1–2 EL Whiskey, Zucker, Salz, Pfeffer und reichlich Zitronenpfeffer vermischen.

Die Frischlingskoteletts grillen, mit etwas Zitronensaft und Whiskey beträufeln und mit der Whiskeysoße servieren.

Gegrillte Rehsteaks mit Grillgemüse

4 EL Kräutermischung (aus Rosmarin, Lorbeer, Thymian, Majoran, Oregano, Fenchelsamen, weißer Pfeffer, Salz, etwas Koriander),4–8 Rehsteaks (je nach Größe), Olivenöl, 1 Aubergine, 1 Zucchini, 1 rote Paprika, 1 orange Paprika, 1 Gemüsezwiebel, 4 Kartoffeln, 1 Knoblauchzehe, 1 Zweig Rosmarin, 1 Zweig Thymian.

Für die Mariande die Kräuter zerstoßen und mit reichlich Olivenöl vermischen (da Wildfleisch sehr mager ist, sollte die Marinade 30 % Öl enthalten). Etwas von der Kräutermischung zurückbehalten. Die Rehsteaks mindestens 2 Stunden marinieren.

Das Gemüse putzen und in mundgerechte Stücke teilen. Die Kartoffeln evtl. etwas vorkochen. Den Knoblauch hacken. Das Gemüse mit der übrigen Kräutermischung vermengen und wenig Öl zugeben. Auch das Gemüse sollte durchziehen.

Den Grill und die Grillpfanne für das Gemüse vorbereiten. Das Öl in der Grillpfanne erhitzen und das Gemüse mit den Rosmarin- und Thymianzweigen in die Pfanne geben. Zum Servieren darf das Gemüse noch Biss haben. Die Rehsteaks auf den nicht zu heißen Grill geben und nach Geschmack grillen. Sie dürfen, wenn man mag, auch noch ganz leicht rosa sein.

Geräuchertes Wild

Wasser, 60 g Pökelsalz, 40 g Zucker, 1 Msp. Koriander, 3 Wacholderbeeren, 1 Frischlingsfilet, ½ Rückenstrang vom Reh, Räucherzutaten nach Vorgabe des Räucherofens.

Die Pökellake vorbereiten. Dazu pro Liter Wasser 60 g Salz, 40 g Zucker, 1 Msp. Koriander verwenden – vorsicht mit dem Salz. Die Wacholderbeeren nach Geschmack zufügen. Die Wildbretstücke in eine Glasform geben und mit der Lake komplett bedecken. Abgedeckt 24 Stunden kühl stellen.

Das Fleisch nach dem Pökeln ca. 1 Stunde wässern, damit es nicht zu salzig wird. Das Wildbret abtrocknen und ca. 12 Stunden bei Raumtemperatur aufhängen, sodass es trocknet.

Den Räucherofen oder Räucherkasten nach Anweisung vorbereiten und das Wild ca. 1 Stunde räuchern. Die Temperatur sollte 60–80 °C betragen.

Die Räucherzeit richtet sich nach der Dicke des Wildbrets.

Die richtige Salzmenge und die Räucherzeit muss man durch ausprobieren einfach herausfinden.

Aber: Geräuchertes Wild ist köstlich!

Gutsherrentopf

150 g durchwachsener Speck, 1 Zwiebel, 2 Knoblauchzehen, 2 Möhren, ¼ Sellerieknolle, 1 Lauchstange, 1 kg Hirschfleisch oder Wildschwein (gewürfelt), 2 Zweige Thymian, 1 Zweig Rosmarin, 1 Lorbeerblatt, 4 Wacholderbeeren, Salz, Pfeffer, ¼ l Rotwein, ¾ l Wildfond, 150 g rote Linsen, 175 g Spätzle (ungekocht), 4 cl Sherry, 1 EL Rotweinessig, 1 TL Zucker, 2 EL Tomatenmark, 100 g saure Sahne.

Den Speck würfeln, die Zwiebel und den Knoblauch schälen und ebenfalls würfeln. Möhren, Sellerie und Lauch schälen und in Ringe oder kleine Streifen schneiden. Den Speck in einem großen Topf oder Bräter auslassen. Die Fleischwürfel zugeben und kräftig anbraten.

Das Gemüse zum Fleisch geben und etwa 12 Minuten mitdünsten. Die Kräuter und Gewürze dazugeben. Mit Rotwein und der Hälfte des Wildfonds ablöschen. 1 Stunde bei reduzierter Hitze schmoren und gelegentlich umrühren. Danach die Linsen, die Spätzle und den restlichen Wildfond zugeben. Etwa 20 Minuten weiter kochen, bis die Spätzle die gewünschte Konsistenz haben.

Falls nötig noch etwas Flüssigkeit zufügen. Sherry, Essig, Zucker und Tomatenmark unterrühren und mit Salz und Pfeffer abschmecken. Kurz vor dem Servieren die saure Sahne einrühren.

Hase in Schokoladensoße

2 EL Olivenöl, 25 g Butter, 40 g gew. Pancetta, 1 küchenfertiger Hase, Salz, Pfeffer 2 EL Mehl, 175 ml Rotwein, 175 ml Wildfond, 1 Lorbeerblatt, 50 g Rosinen, 25 g Pinienkerne, 25 g dunkle Schokolade (geraspelt), 1 TL Weißweinessig, 2 TL Zucker.

Das Olivenöl und die Butter erhitzen und den Pancetta und die Hasenteile bei mittlerer Hitze rund herum anbräunen. Salzen, pfeffern und mit der Hälfte des Mehls bestäuben.
Etwa 10 Minuten garen und danach mit Wein und Wildfond ablöschen. Das Lorbeerblatt zufügen und abgedeckt ca. ½ Stunden schmoren.
Die Rosinen etwa 15 Minuten in warmem Wasser einweichen. Danach abtropfen, ausdrücken und zusammen mit den Pinienkernen zu dem Fleisch geben und weitere 30 Minuten schmoren.

Für die Soße die Schokolade, das restliche Mehl, Essig, Zucker und eine Prise Salz in eine Schüssel geben und mit 3–4 EL Wasser verrühren.

Die Mischung zum Fleisch geben und zum Sieden bringen. Alles noch einmal abschmecken.

Hasentopf

250 g magerer Schweinebauch in Scheiben, 1 kg Hasenfleisch, 3 Zwiebeln, 6 Wacholderbeeren (zerdrückt), 2 Lorbeerblätter, Salz, Pfeffer, 1 Zweig Thymian, 1–2 Msp. Nelkenpulver, 200 g Schwarzbrot, ¾ l Rotwein.

Die dünnen Scheiben Schweinebauch ohne Fett in einem Topf braun braten. Dann die Fleischscheiben aus dem Topf nehmen und zur Seite stellen.

Das Hasenfleisch in Portionsstücke schneiden und in dem Fett anbraten. Die Zwiebeln würfeln, zugeben und mitbraten. Die Schweinebauchscheiben unter das Fleisch mischen. Alle Gewürze und das zerkleinerte Schwarzbrot zugeben. Zum Schluss den Rotwein zugießen und das Gericht bei geschlossenem Deckel langsam garen (ca. 1 Std.).

Kaninchen mit Oliven-Kapern-Soße

25 g Butter, 3 EL Olivenöl, 2–3 Salbeiblätter (gehackt), 1 Zweig Rosmarin, 1 Knoblauchzehe (zerdrückt), Salz, Pfeffer, 1 Kaninchen (küchenfertig), 175 ml Weißweinessig, 3 EL Wasser, 100 g entsteinte grüne Oliven, 50 g Kapern abgetropft, Schmand.

Die Butter und das Olivenöl in einem großen Topf erhitzen. Salbei, Rosmarin und Knoblauch zugeben. Salzen, pfeffern und einige Minuten anbraten. Die Kaninchenteile zugeben und bei mittlerer Hitze rundum anbräunen.

Den Weißweinessig mit 3 EL Wasser verdünnen und das Fleisch damit ablöschen. Noch einmal salzen und pfeffern und dann zugedeckt etwa 50 Minuten schmoren lassen.

Die Oliven und Kapern zugeben und weitere 10 Minuten köcheln. Etwas Schmand einrühren und evtl. die Soße andicken.

Paprika-Zucchini-Curry mit Wildhackbällchen

2 rote Paprika, 400 g Zucchini, 1 unbehandelte Zitrone, 3 cm frische Ingwerwurzel, 500 g Wildhackfleisch, 1 Ei, Semmelbrösel, Salz, Pfeffer, 2–3 EL Currypulver, evtl. etwas Mineralwasser, 200 ml Kokosmilch, ½ l Gemüsebrühe.

Die Paprika waschen, die Stielansätze und Kerne entfernen, und in Streifen schneiden. Die Zucchini ebenfalls waschen und in dünne Scheiben schneiden. Die Zitrone waschen und die Schale reiben. Den Ingwer schälen und fein würfeln.

Das Wildhackfleisch mit Ei und Semmelbröseln vermischen und mit Salz, Pfeffer und Curry kräftig abschmecken, evtl. etwas Mineralwasser zugeben. Aus der Masse kleine Bällchen formen. Die Kokosmilch mit Zitronenschale, Ingwer und 2 TL Brühe zum Kochen bringen. Das Gemüse zugeben und ca. 5 Minuten garen. Wenn die Soße noch nicht cremig ist, diese etwas andicken.

Zeitgleich die Hackbällchen in der Gemüsebrühe garziehen lassen. Die Hackbällchen mit dem Gemüse vermischen und servieren.

Rehrücken mit Preiselbeeren

1 Rehrücken (küchenfertig), Salz, Pfeffer, 4 EL Olivenöl, 50 g Butter, 2 Möhren, 1 Zwiebel, 1 Stange Sellerie, 1 Knoblauchzehe, 200 ml Wildfond (s. S. 146), 100 ml Rotwein, 3 EL Zucker, 400 g Preiselbeeren, 2 EL Sahne.

Den Backofen auf 180 °C vorheizen.
Das Fleisch mit Salz und Pfeffer einreiben. Das Olivenöl und die Hälfte der Butter in einer Pfanne erhitzen und den Rehrücken unter Wenden rundum anbraten. Das Fleisch, das gehackte Gemüse und den Knoblauch in einen Bräter geben.
Etwas Wildfond angießen und das Fleisch etwa 1½ Stunden im Ofen garen. Immer wieder Fond zugießen und das Fleisch damit begießen. Nach der Backdauer den Bräter aus dem Ofen nehmen und den Rehrücken warm stellen.
Den Wein in den Bratensaft geben und die Soße bei starker Hitze reduzieren. Die restliche kalte Butter in kleinen Stücken zu der Soße geben, damit sie sämig wird. Gleichzeitig in einem kleinen Topf Zucker und 175 ml Wasser zum Kochen bringen und einige Minuten köcheln lassen. Die Preiselbeeren zugeben und bei kleiner Hitze etwa 5 Minuten garen. Die Sahne zugeben und alles einkochen lassen.

Den Rehrücken tranchieren und mit der Soße begießen.
Dazu die Preiselbeeren reichen.

Wildente orientalisch

1 Wildente (ausgebeint), Mehl (zum Bestäuben), Öl,
⅛ l Weißwein, 2 EL Rosinen, 1 EL Mandelstifte, 2 Tassen Reis,
½ l Geflügelbrühe, Salz, Pfeffer,
Orientgewürz oder Chinagewürz, 1 kl. Lauchstange, 1 Möhre,
250 g Ananasstücke, evtl. 1 EL Schmand.

Das Entenfleisch in Würfel schneiden, mit Mehl bestäuben und anbraten. Das Fleisch mit dem Weißwein ablöschen.
Das Fleisch, die Rosinen, Mandelstifte und den Reis mit der Brühe angießen (das Fleisch muss bedeckt sein). Salz, Pfeffer und Orientgewürz zugeben.
Alles köcheln lassen, damit der Reis gart.

Den Lauch und die Möhre sehr fein stifteln, die Ananasstücke evtl. teilen. Kurz vor Ende der Garzeit diese Zutaten untermischen. Alles noch einmal abschmecken und evtl. den Schmand unterrühren.

Wildentenbrust auf Trauben-Sauerkraut

4 Wildentenbrüste ohne Haut, Salz, Pfeffer, 1 EL Öl, 50 g Butter, 3 gew. Schalotten, 8 Wacholderbeeren, 1 Lorbeerblatt klein, 500 g Sauerkraut, ⅛ l Weißwein, 250 g Trauben.

Die Entenbrüste waschen, trocken tupfen, salzen und pfeffern. Das Öl und die Butter in einer Pfanne erhitzen und die Entenbrüste schnell auf beiden Seiten anbraten. Das Fleisch aus der Pfanne nehmen. Die gewürfelten Schalotten im Bratfett glasig dünsten und dann in einen Topf geben.
Die Wacholderbeeren andrücken und mit dem Lorbeerblatt in den Topf hinzufügen. Das Sauerkraut auflockern und mit dem Wein ebenfalls in den Topf geben. Mit Salz und Pfeffer abschmecken und bei kleiner Hitze etwas köcheln lassen.

Die Entenbrüste auf das Kraut legen und 30 bis 40 Minuten ganz leicht simmern lassen.
Die Trauben waschen, halbieren und evtl. vorhandene Kerne entfernen. Die Traubenhälften etwa 5 Minuten vor Ende der Garzeit untermischen.

Vor dem Servieren das Lorbeerblatt entfernen.

Wildkaninchen mit Sardellensoße

1 Kaninchen (küchenfertig), Salz, Pfeffer,
2 Paprika (rot und gelb), 5 Sardellenfilets, 2 Knoblauchzehen,
40 g durchwachsener Speck, 4 EL Olivenöl,
4 EL Weißweinessig, 1 Zweig Rosmarin, ¼ l Weißwein.

Die Kaninchenteile mit Salz und Pfeffer rundum würzen.
Die Paprika waschen, halbieren und die Kerne und Trennhäute entfernen, danach in Streifen schneiden.
Die Sardellenfilets abtrocknen und fein hacken. Den Knoblauch schälen und zerdrücken. Den Speck fein würfeln und in einer großen Schmorpfanne in 1 EL Olivenöl ausbraten, aus der Pfanne nehmen und zur Seite stellen.
Die Paprikastreifen im Bratöl schmoren, den Knoblauch zufügen und den Weißweinessig angießen. Alles etwas einkochen lassen und dann die gehackten Sardellenfilets einrühren. Kurz aufkochen und dann in eine Schüssel geben.

Das restliche Olivenöl in der Pfanne erhitzen und die Kaninchenteile rundum kräftig anbraten. Den Rosmarin zufügen und mit Weißwein ablöschen. Bei leichter Hitze etwa 45 Min. schmoren. Die Paprika-Sardellen-Mischung zum Fleisch geben und weitere 15 Minuten schmoren lassen. Die Soße abschmecken und zuletzt die Speckwürfel über das Kaninchen streuen.

Wildschwein mit Oliven

¾ l Weißwein, 5 EL Weißweinessig, 1 Möhre, 1 Zwiebel, 1 Knoblauchzehe, 1 Zweig Thymian, 2 Salbeiblätter, 2 Lorbeerblätter, 1 Stängel glatte Petersilie, 6 Pfefferkörner, Salz, 1 kg Wildschwein, 175 ml Olivenöl, 25 g Butter, 150 g entsteinte grüne Oliven.

Wein, Essig, gewürfelte Möhre, gewürfelte Zwiebel, Knoblauch, Thymian, Salbei, Lorbeerblätter, Petersilie, Pfefferkörner und eine gute Portion Salz in einem großen Topf zum Kochen bringen und etwa 15 Minuten köcheln lassen. Den Sud erkalten lassen.

Das Fleisch in eine Schüssel geben, mit dem Sud bedecken und nun unter gelegentlichem Wenden bis zu 2 Tage marinieren. Das Olivenöl und die Butter in einem Topf erhitzen. Das Fleisch abtropfen lassen (Marinade auffangen) und rundum anbraten. Mit der Hälfte der Marinade ablöschen und aufkochen. Die Hitze reduzieren und das Fleisch 1½ Stunden schmoren. Die Oliven zugeben und weitere 30 Minuten schmoren.

Den Knoblauch und die Kräuter entfernen und die Soße evtl. andicken.

Winterlicher Rehrücken

*1 Rehrücken (ca. 1,3 kg, enthäutet), ½ l Rotwein,
12 Wacholderbeeren zerdrückt, ½ TL Thymian (getrocknet),
2 Gewürznelken, 2 Lorbeerblätter, 5–6 cm Zimtstange,
5 cm Ingwerwurzel in Scheiben, 20 Pfefferkörner,
2 EL Öl, 75 g geräucherter Speck, 50 g Butter, Pfeffer, Salz,
200 g Sahne, 2 EL Preiselbeeren aus dem Glas.*

Den Rehrücken am Knochen entlang links und rechts ca. ½ cm tief einschneiden.

Rotwein, Wacholderbeeren, Thymian, Nelken, Lorbeerblätter, die zerbrochene Zimtstange, Ingwerscheiben, Pfefferkörner und Öl mischen.
Den Rehrücken in einen Tiefkühlbeutel geben und mit der Marinade übergießen. Den Beutel verschließen und über Nacht unter gelegentlichem Wenden ziehen lassen.
Den Backofen auf 220 °C vorheizen. Den Speck würfeln und in einem großen Bräter ausbraten. Das Fleisch aus der Marinade nehmen und die Marinade durch ein Sieb geben. Den Rehrücken trocken tupfen.

Die Butter zum Speck geben und schmelzen lassen. Den Rehrücken in den Bräter geben und mit dem Fett begießen. Das Fleisch pfeffern und salzen und 35–40 Minuten im heißen Ofen braten.

Dabei immer wieder mit dem Bratfett begießen. Den Rehrücken aus dem Bräter nehmen und warm stellen.

Den Topf auf den Herd setzen und ¼ Liter der Marinade einkochen lassen. Sahne zugeben und weiter reduzieren. Mit Salz und Pfeffer abschmecken. Die Preiselbeeren unterrühren.

Den Rehrücken tranchieren und mit der Soße servieren.

Wildtauben mit Wirsingfüllung

4 Wildtauben (küchenfertig), Salz, Pfeffer, 1 kleiner Wirsingkopf, 2 Schalotten, 50 g durchwachsener Speck, 100 g Butter, ger. Muskatnuss, 1 Ei.

Die Tauben innen und außen waschen, trocken tupfen und leicht pfeffern und salzen. Für die Füllung die Wirsingblätter vom Strunk lösen und die dicken Blattrippen abschneiden. Die Blätter gut waschen und
3–4 Min. in kochendem Salzwasser blanchieren, kalt abschrecken und abtropfen lassen. Die blanchierten Blätter in Streifen schneiden. Die Schalotten schälen und fein würfeln. Den Speck würfeln und in einer Pfanne auslassen. 20 g von der Butter zugeben und die Schalottenwürfel darin glasig dünsten. Die Wirsingstreifen zugeben, mit Pfeffer, Muskatnuss und wenig Salz abschmecken.
Die Masse abkühlen lassen und das Ei unterrühren.

Den Backofen auf 200 °C vorheizen.
Die Wildtauben mit der Wirsingmischung füllen und mit Küchengarn verschließen. Die restliche Butter in einem Bräter schmelzen und die Tauben bei mittlerer Hitze rundum kräftig anbraten.
Den Bräter in den Ofen geben und die Tauben 25–30 Minuten garen. Hierbei immer wieder mit dem Bratfett begießen.

Die Tauben auf einer Platte servieren.

Wildtopf

1 kg Wildgulasch gemischt, 50 g durchwachsener Rauchspeck, 2 Zwiebeln, 200 g Lauch, 250 g Champignons, 2 EL Butterschmalz, 4 EL Wildgewürzmischung (s. S. 149), Salz, Pfeffer, 1 EL Tomatenmark, 2 EL Mehl, ¼ l trockener Rotwein, ¼ l Wildfond (s. S. 146), 3 EL Hagebuttenmarmelade, 6 EL Sahne.

Das Fleisch nicht zu grob und den Speck fein würfeln. Die Zwiebeln in dünne Spalten schneiden. Den Lauch und die Pilze putzen und in dünne Ringe bzw. Scheiben schneiden.

Den Speck im Bräter auslassen und dann herausnehmen. Das Schmalz im Speckfett erhitzen und Fleisch und Zwiebeln portionsweise anbraten, mit Wildgewürz, Salz und Pfeffer würzen. Die Champignons und den Lauch mit anschmoren. Das Tomatenmark und das Mehl ebenfalls mit anschwitzen. Alles mit dem Rotwein und Wildfond ablöschen, aufkochen und ca. 30 Minuten schmoren lassen.

Die Marmelade und evtl. noch etwas Wildfond oder Wasser zugeben. Weitere 30 Minuten schmoren lassen. Den Speck zum Gulasch geben, abschmecken und mit etwas Sahne verfeinern.

Wildschweinragout mit Äpfeln

1 kg Wildschwein, 1 Zwiebel, 1 Möhre, 50 g Butter, 1 EL Mehl, 375 ml Rotwein, 1 Lorbeerblatt, 1 Knoblauchzehe, Salz, Pfeffer, 50 ml Weinbrand, 3 Äpfel.

Das Fleisch würfeln, die Zwiebel und die Möhre schälen und fein hacken. Den Backofen auf 200 °C vorheizen. Die Hälfte der Butter in einem Bräter zerlassen und das Fleisch rundum anbraten, die Zwiebel- und Möhrenwürfel zufügen. Alles mit Mehl bestäuben und weitere 2–3 Minuten braten.

Den Wein langsam angießen und das Lorbeerblatt und den Knoblauch zugeben. Salzen, pfeffern und zum Kochen bringen. Den Bräter in den Ofen stellen und ca. 1 Stunde schmoren. Anschließend den Weinbrand zugeben.

Die Äpfel schälen und in Scheiben schneiden. Die Apfelscheiben in der restlichen Butter unter gelegentlichem Wenden goldbraun braten. Zum Servieren das Lorbeerblatt und den Knoblauch aus dem Ragout entfernen.

Die Apfelscheiben separat dazu reichen.

Beilagen

Bohnen-Birnen-Gemüse

4 Birnen, 250 g dünne Prinzess-Bohnen, 1–2 EL Butter, Weißwein, 1 EL getrocknetes Bohnenkraut, Salz, Pfeffer.

Die Birnen längs achteln und das Kerngehäuse entfernen. Die Bohnen putzen, die Enden abschneiden und in der erhitzten Butter ca. 5 Min. anbraten. Die Bohnen mit etwas Weißwein ablöschen.

Die Birnen dazugeben und mit Bohnenkraut, Salz und Pfeffer würzen.

Alles noch weitere 5 Min. dünsten.

Brokkoligemüse mit Haselnussblättern

400 g Brokkoli geputzt, Butter, Salz, 2 EL Haselnussblätter.

Den Brokkoli in Röschen zerteilen und im Dampfeinsatz oder Dampfgarer ca. 18 Min. bissfest garen, zwischendurch salzen. Die Butter in einer Pfanne schmelzen, die Haselnussblätter zugeben und vorsichtig rösten.

Den Brokkoli beim Anrichten auf den Tellern mit Haselnussbutter garnieren.

Gratin dauphinois

½ l Sahne, ½ l Milch, 30 g Morcheln, 1 kg Kartoffeln, 25 g Butter, 1 Knoblauchzehe, Muskatnuss, Pfeffer, Salz, Majoran und Thymian nach Geschmack.

Die Sahne und die Milch zusammen aufkochen. Die Morcheln mit dieser Mischung übergießen und ½ Std. ziehen lassen. Danach die Morcheln abseihen und in Scheiben schneiden, dabei die Milch-Sahne-Mischung auffangen.

Die geschälten Kartoffeln in dünne Scheiben schneiden. Eine Auflaufform mit Butter und Knoblauch einreiben und die Kartoffeln und Morcheln dachziegelartig schichten. Jede Lage mit Muskatnuss, Pfeffer und Salz bestreuen und nach Geschmack Majoran- und Thymianblätter dazugeben. Die Milch-Sahne-Mischung über alles gießen.

Mit Alufolie bedecken und 45 Min. bei 180 °C im Ofen garen. Die Folie abnehmen und noch ca. 15 Min. im Ofen bräunen lassen.

Grünkohl-Gratin

1 kg Grünkohl geputzt und grob gehackt, 2 Schalotten, 1 Zweig Thymian, ¼ l Gemüsebrühe, 100 g Reis, 100 g Quark, 1 Ei, 100 g ger. kräftiger Käse, Salz, Pfeffer, Muskatnuss, 3 EL Paniermehl, 2 EL Butter.

Die Schalotten abziehen und fein würfeln, mit Thymian in der Gemüsebrühe aufkochen. Den Reis darin ca. 20 Min. garen. Den Thymianzweig herausnehmen. Den Backofen auf 180 °C vorheizen.

Die Butter zerlassen und den geputzten Grünkohl etwa 5 Min. dünsten. Abtropfen und mit Reis, Quark, Ei und 75 g Käse mischen. Mit Salz, Pfeffer und Muskatnuss abschmecken.

Eine feuerfeste Form mit Butter ausfetten. Die Grünkohlmischung einfüllen. Den restlichen Käse und das Paniermehl mischen und über den Grünkohl geben. Mit Butterflöckchen belegen.

Etwa 40–45 Min. bei 180 °C garen.

Tipp: Schmeckt gut zu Wildgans oder Wildschwein.

Kartoffel-Gurken-Ragout

600 g festkochende Kartoffeln, 1 Schmorgurke (ca. 400 g), 2 Schalotten, 4 EL Butter, Salz, Pfeffer, 100 ml Weißwein, 200 ml Gemüsebrühe, Dill.

Die Kartoffeln schälen und würfeln. Die Gurke schälen, der Länge nach vierteln, die Kerne entfernen und in kurze Stücke schneiden. Die Schalotten schälen, halbieren und in dünne Scheiben schneiden. 2 EL Butter in einem Topf erhitzen, die Schalotten darin glasig dünsten, die Kartoffeln und Gurkenstücke zugeben und etwa 3 Min. braten. Mit Salz und Pfeffer würzen und den Wein angießen. Etwas einkochen lassen und die Brühe zugießen.
Alles 15–20 Min. köcheln lassen, vom Herd nehmen und 2 EL sehr kalte Butter einrühren.

Den Dill hacken und unter das Kartoffel-Gurken-Gemüse geben.

Kartoffel-Hirschschinken-Püree

*750 g mehlige Kartoffeln, 120 g Hirschschinkenwürfel,
1 Bd. Schnittlauch (in Röllchen geschnitten), 60 g Butter,
¼ l Milch, Salz, Pfeffer, Muskatnuss.*

Die Kartoffeln in Salzwasser kochen und durch eine Presse drücken. Mit den Schinkenwürfeln, dem Schnittlauch, Butter und Milch vermengen und mit Salz, Pfeffer und Muskatnuss abschmecken.

Orangenbulgur mit Joghurtsoße

2 Orangen (ungespritzt), 600 ml Wasser, 3 EL Olivenöl, 12 g Madras-Curry, Salz, 300 g Bulgur, 30 g glatte Petersilie, 300 g Joghurt.

Die Schalen der Orangen reiben und den Orangensaft auspressen. Den Abrieb und den Saft der Orangen mit Wasser, Öl und Madras-Curry zum Kochen bringen und mit 1½ TL Salz würzen. Den Bulgur in das kochende Orangenwasser streuen, einmal aufkochen und dann vom Herd nehmen. Ca. 10 Min. ziehen lassen.

Die Petersilie von den Stielen zupfen und hacken. Den Joghurt mit der Petersilie vermengen und mit Salz abschmecken.

Den Bulgur zusammen mit der Joghurtsoße servieren.

Tipp: Passt gut zu leichtem, evtl. gegrilltem, Wild.

Sauerkraut

*750 g Sauerkraut, Schmalz/Gänsefett,
250 g durchwachsener Speck, 1 l Weißwein (Elsass),
150 ml Wildfond (s. S. 146), 3–4 Kartoffeln, 2 Äpfel (Boskop),
2 rote Zwiebeln, 3 Gewürznelken, 2 TL schwarze Pfefferkörner,
2 Lorbeerblätter, 8 Wacholderbeeren (zerdrückt).*

Das Sauerkraut waschen und ausdrücken. Einen Topf mit Schmalz oder Gänsefett ausreiben, dann den Topf mit Speckstreifen auslegen, das Sauerkraut daraufgeben und mit Wein auffüllen. Den Wildfond zufügen. Die Kartoffeln und Äpfel raspeln und unterheben. Die gewürfelten Zwiebeln, Nelken, Pfefferkörner, Lorbeerblätter und Wacholderbeeren zugeben.

Das Sauerkraut 2–3 Std. bei niedriger Temperatur im Ofen garen. Evtl. Flüssigkeit nachfüllen.

Mit diversen Zutaten wie Trauben, Ananas, Safran o. ä. kann das Sauerkraut je nach Geschmack verändert werden.

Schupfnudeln

300 g mehlig kochende Kartoffeln, 1 Ei, 10 g Butter, ca. 60 g Mehl, Salz, Pfeffer, Muskatnuss.

Die Kartoffeln möglichst frühzeitig kochen, kalt pressen und mit den übrigen Zutaten zu einem Teig verarbeiten.

Aus dem Teig Rollen von ca. 1 cm Durchmesser formen, in 5 cm lange Stücke schneiden und die Enden zuspitzen (schupfen).

Die Schupfnudeln in kochendem Salzwasser ca. 2–3 Min. ziehen lassen und abgetropft in Butter goldgelb braten.

Semmelknödel

6 trockene Brötchen, ½ l Milch, 50 g Speck, 1 Zwiebel, 125 g Mehl, 2 Eier, 1 EL gemischte Kräuter.

Die Brötchen in Würfel schneiden und in Milch einweichen. Den Speck und die Zwiebel fein würfeln und in einer Pfanne andünsten. Die Brötchen aus der Milch nehmen und ausdrücken. Dann die Masse mit Mehl und der Zwiebel-Speck-Mischung verrühren und vorsichtig in einem Topf unter ständigem Rühren erhitzen, bis sich die Masse vom Topfrand löst.

Die Eier trennen und die Eiweiße steif schlagen. Zu der heißen Knödelmischung vorsichtig die Eigelbe und den Eischnee geben, anschließend die Kräuter unterziehen.

Aus der Masse gleichmäßige Knödel formen und in leicht siedendem Salzwasser garziehen lassen.

Serviettenknödel

Ca. 250 g altbackene Brötchen, 1 Zwiebel, Butter zum Braten, 400 ml Milch, 2 Eier, Salz, Pfeffer, Muskatnuss.

Die Brötchen in Würfel schneiden, die Zwiebel schälen, würfeln und in Butter andünsten. Die Brötchen- und Zwiebelwürfel mit der Milch und den Eiern vermengen.
Mit Salz, Pfeffer und geriebener Muskatnuss würzen. Den Teig ca. 1 Std. ruhen lassen.

Etwa 6 cm dicke Rollen formen und fest in Stoffservietten einrollen, die Enden mit Küchengarn zubinden.
Die Rollen in leicht siedendem Wasser 30–40 Min. garziehen und danach leicht auskühlen lassen.

Die Knödel in 2–3 cm dicke Scheiben schneiden und kurz in Butter braten.

Süß-saurer Rotkohl

*1 Kopf Rotkohl, 2 rote Zwiebeln, 75 g Butter,
4 EL brauner Zucker, 3 Äpfel (Boskop), 200 g Cranberrys,
½ l Rotwein, Saft 1 Orange, 2 EL dunkler Balsamicoessig,
2 TL Lebkuchengewürz, Salz, Pfeffer.*

Den Rotkohl in Streifen und die Zwiebeln in Halbringe schneiden. Die Zwiebeln in Butter andünsten und anschließend den Rotkohl dazugeben. Den Zucker darüberstreuen. Die Äpfel klein würfeln und mit schmoren. Cranberrys, Wein, Orangensaft, Essig und das Lebkuchengewürz zugeben und mit Salz und Pfeffer abschmecken.

Mindestens 2 Std. köcheln lassen.

Wirsing-Kartoffel-Stampf

500 g Kartoffeln, ½ Kopf Wirsing, 1 Schalotte, 3 EL Butter, 200 ml warme Milch, Pfeffer, ger. Muskatnuss.

Die Kartoffeln schälen und im Salzwasser etwa 25 Min. garen. Den Wirsing putzen, waschen und in Streifen schneiden. Die Schalotte fein würfeln. 1 EL Butter zerlassen und die Schalotte anschwitzen, Den Wirsing mitdünsten. Die Kartoffeln durch eine Presse drücken und mit dem Wirsing vermengen. Die Milch und die restliche Butter unterrühren und zu einem geschmeidigen Püree aufschlagen.

Kräftig mit Salz, Pfeffer und Muskatnuss abschmecken.

Wirsingsäckchen

*12 mittelgroße Wirsingblätter, 1 Zwiebel, Butter,
200 g durchwachsener Speck,
Schnittlauchhalme oder Küchengarn.*

*Die Wirsingblätter kurz im heißen Wasser blanchieren, kalt abspülen und trocken tupfen.
Die Zwiebel schälen und würfeln. Die Butter in einer Pfanne erhitzen. Die Zwiebel und den Speck anschwitzen.
Die Wirsingblätter mit der Speck-Zwiebel-Masse füllen, zu einem Säckchen falten und mit einem Schnittlauchhalm oder Küchengarn verschließen.*

In der Pfanne oder im Ofen 20–30 Min. bei 150 °C schmoren.

Soßen

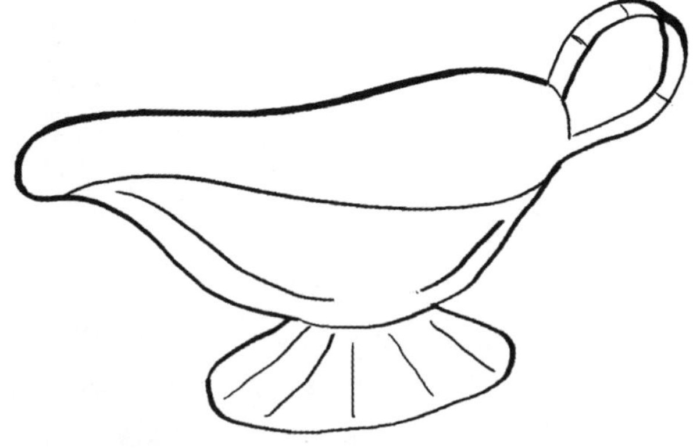

Currysoße

1 große Zwiebel, 3 Äpfel, Öl, 1 l Cola, 1 gr. Fl. Ketchup, Saft einer Zitrone, Salz, Pfeffer, Zucker, 1 EL Curry (scharf), 1 EL Curry (fruchtig), 1 gr. Dose gew. Tomaten.

Die Zwiebel und die Äpfel schälen und klein würfeln, in Öl anschwitzen und mit Cola aufgießen.
Alles auf die Hälfte einreduzieren.
Ketchup, Saft der Zitrone, Salz, Pfeffer und Zucker dazugeben.
Beide Currysorten zugeben und mit den Tomatenwürfeln auffüllen.
Alles gründlich aufkochen und fein pürieren.

Abkühlen lassen und abfüllen.

Passt gut zu gegrilltem Wild.

Jägersoße

200 g geh. Champignons, 200 g geh. Schalotten, 2 EL Olivenöl, 300 ml trockener Weißwein, ½ l Demi-glace (s. S. 145), 100 g Tomatenfruchtfleisch, Butter, Salz, Pfeffer, Petersilie, Kerbel, geh. Estragon.

Die Champignons und Schalotten im Öl anbraten und mit Weißwein aufgießen. Bis zur Hälfte einreduzieren und die Demi-glace unterrühren. Das Tomatenfleisch in Butter aufkochen und unterrühren.

Die Soße aufkochen lassen, salzen, pfeffern und mit den Kräutern abschmecken.

Pflaumensoße mit Ingwer

2 Schalotten, 6 rote Pflaumen, 40–50 g Ingwer, 1 Knoblauchzehe, Öl, 150 ml Wasser, 2 EL dunkler Balsamicoessig, Zucker, Salz, Pfeffer.

Die Schalotten schälen und würfeln. Die Pflaumen entsteinen und in ca. 1 cm große Würfel schneiden. Den Ingwer und den Knoblauch schälen und hacken. Das Öl in einem Topf erhitzen und Schalotten, Ingwer und Knoblauch bei mittlerer Hitze ca. 2 Min. anbraten. Die Pflaumen dazugeben und unter Rühren ca. 5 Min. mitschmoren. Das Wasser und den dunklen Balsamicoessig zugießen und aufkochen lassen.

Mit Zucker, Salz und Pfeffer abschmecken mit dem Pürierstab fein pürieren.

Pilzsoße

250 g gemischte Pilze, 1 kleine geh. Zwiebel, Salz, Pfeffer, Schmand.

Die gemischten Pilze in Scheiben schneiden und in etwas Öl andünsten, die Zwiebel gehackt dazugeben.

Salz, Pfeffer, Schmand unterrühren und abschmecken.

Tomatensoße

50 g Olivenöl, 1 fein gew. Zwiebel, 1 geh. Knoblauchzehe, 1 fein gew. Möhre, 1 Stange fein gew. Staudensellerie, 30 g Tomatenmark, 500 g Tomaten gew. und gehäutet (alternativ und oft aromatischer aus der Konserve), 1 TL Meersalz, ½ TL Pfeffer, 1 TL Zucker, 4 Blätter Basilikum (fein geschnitten), 2 Blätter Salbei (fein geschnitten).

Das Olivenöl erhitzen und die Zwiebel, Knoblauch, Möhre und Staudensellerie darin anschwitzen. Das Tomatenmark kurz mitrösten. Tomaten und Gewürze zugeben und alles bei kleiner Hitze ca. 15 Minuten köcheln lassen.

Die Soße im Mixer oder mit dem Mixstab pürieren und noch einmal abschmecken.

Basisrezepte

Gänsefüllung klassisch

750 g Esskastanien (geschält), Butter, 1 gew. Zwiebel, Salz, Pfeffer, 350 g Rosinen.

Die geschälten Kastanien in Butter mit den Zwiebelwürfeln andünsten, salzen und pfeffern. Wenn die Kastanien halbweich sind, die Rosinen zugeben. Etwas Wasser zu der Mischung geben und so lange kochen, bis die Flüssigkeit verdampft ist.

Die Wildgans innen salzen und pfeffern, bevor sie mit der Kastanienmischung gefüllt wird.

Gänsefüllung süß-sauer

6–8 säuerliche Äpfel (Boskop), 3–4 EL ger. Schwarzbrot, 2 EL Rosinen, 2 EL Zucker, Salz, Pfeffer.

Die Äpfel schälen, achteln und das Kerngehäuse entfernen. Das geriebene Schwarzbrot und die Rosinen mischen und zu den Apfelspalten geben. Alles mit Zucker, Salz und Pfeffer abschmecken.

Die Füllung in die vorher gesalzene und gepfefferte Wildgans geben.

Demi-glace

½ l Wildfond (s. S. 146), 1–1,5 EL Kartoffelmehl, 2–3 EL Madeira, Butter.

Den Wildfond auf ca. ⅓ der ursprünglichen Menge einkochen, dabei den Schaum abschöpfen.
Das Kartoffelmehl in etwas Madeira auflösen und die Soße damit binden. Zuletzt ein Stück kalte Butter unterrühren.

Diese Grundsoße der französischen Küche dient als Basis für verschiedene andere Soßen.
Sie kann portionsweise eingefroren werden.

Grundfond vom Wild

2 kg Wildknochen (auch Wildabschnitte), 300 g Zwiebeln, 250 g Möhren, 150 g Knollensellerie, 2 EL Öl, 1 EL Tomatenmark, Wasser, 1 TL weiße Pfefferkörner, 1 Knoblauchzehe, 1 Lorbeerblatt, 2 Nelken, 4 Pimentkörner, 1 TL Wacholderbeeren, 1 Zweig Thymian.

Die Wildknochen zerkleinern (macht auch der Wildhändler), das Gemüse putzen und würfeln. Das Öl in einem großen Topf erhitzen und darin die zerkleinerten Wildknochen stark von allen Seiten anrösten. Die Gemüsewürfel zugeben und mit anschwitzen. Das Tomatenmark unterrühren und kurz rösten. Mit kaltem Wasser angießen, so dass alles bedeckt ist.

Wenn die Flüssigkeit anfängt zu kochen, den entstehenden Schaum abschöpfen, die Gewürze zugeben und 2–3 Stunden köcheln lassen. Alles durch ein Haarsieb oder Tuch passieren.

Den Fond abkühlen lassen und das Fett von der Oberfläche abnehmen.

Gewürzmarinade

1 Zwiebel, 2 Möhren, 2 Schalotten, 2 Knoblauchzehen, 1 Stange Sellerie, ½ Flasche Rotwein, 10 Pfefferkörner, 3 Gewürznelken, 2 Lorbeerblätter, 10 Wacholderbeeren (zerdrückt), 1 Zweig Thymian, 100 ml Olivenöl.

Zwiebel, Möhren, Schalotten, Sellerie und Knoblauch in Scheiben schneiden. Das Wildfleisch in eine tiefe Schüssel geben. Den Wein über das Fleisch gießen und alle Zutaten, einschließlich Öl, untermischen.

¾ des zu marinierenden Wildbrets muss mit der Flüssigkeit bedeckt sein. Das Fleisch ca. 24 Stunden marinieren, dabei mehrmals wenden.

Bei Wildschwein kann der Marinade noch Salbei und Senfpulver zugefügt werden.

Marinade für Rot-und Rehwild

100 g Möhre, 100 g Sellerie, ½ Stange Lauch, Petersilienwurzel, 1 Zwiebel, 1 Bd. Petersilie, 2 Lorbeerblätter, 8 Wacholderbeeren, 3 Gewürznelken, 10 Pimentkörner, 1 TL Pfefferkörner, ¼ l Weinessig, ½ l Rotwein.

Möhren, Sellerie, Lauch, Petersilienwurzel und Zwiebel schälen und klein schneiden. Dann mit Petersilie, Lorbeerblättern, Wacholderbeeren, Gewürznelken, Pimentkörnern vermischen und den Weinessig und den Rotwein zufügen.

Rotwild sollte etwa 24 Stunden marinieren. Rehwild nicht ganz so lange, damit der feine Rehgeschmack nicht verloren geht.

Wildgewürzmischung

*3 EL getr. Rosmarin, 3 EL gerieb. Lorbeerblatt,
3 EL getr. Basilikum, 3 EL getr. Majoran, 3 EL getr. Bohnenkraut,
3 EL getr. Oregano, 3 EL getr. Thymian, 1 TL Fenchelsamen,
1 TL Lavendel, 1 TL gemahl. weißer Pfeffer,
½ TL gem.. Koriander.*

Alle Gewürze gut zerkleinert vermischen. Gewürzmischung herstellen und in einem verschließbaren Glas dunkel aufbewahren.

Die Mischung kann auch für viele andere Wildgerichte werwendet werden.

Jagdherrentrunk

*5 cl trockener Riesling, 2 cl Apricot Brandy, 1 cl Gin,
1 cl Jägermeister.*

*Alle Zutaten in einer Karaffe vermischen.
Auf Eiswürfeln gekühlt servieren.*

Register

Suppen

Salate

Hauptgerichte